本书出版得到文化名家暨“四个一批”人才项目、浙江省“万人计划”人文社科领军人才项目、浙江大学一流骨干基础学科建设计划、杭州市上城区政府的资助

中国城市街道与居民委员会

档案史料选编

（第五册）

1962—1963

毛　丹◎主编

陈　军　任　强　哈　雪◎副主编

ZHEJIANG UNIVERSITY PRESS
浙江大学出版社

主编单位

中国社区建设展示中心

中国社区建设展示中心是民政部批准建立,集史料陈列、文物展示、理论研究、文献收藏、社区实务于一体的社区建设专题类展览馆。建成于 2009 年 12 月 21 日,经过 10 年发展,中国社区建设展示中心已发展成为中国社区建设的历史课堂、研究基地、实践样板和对外窗口。中国社区建设展示中心由基层组织历史厅、社区建设发展厅、社区治理成果厅、"左邻右舍"社区治理创新园等展馆组成,全方位展示了我国社区建设的历史演进、发展现状和地方经验。

民政部—浙江大学全国民政政策理论研究基地

民政部—浙江大学全国民政政策理论研究基地以浙江大学城乡社区研究团队为基础,在民政部政策研究中心、基层政权与社区建设司以及浙江省民政厅的指导帮助下,致力于农村社区建设与乡村振兴研究、城市社区建设与城市社会治理体系研究、地名文化研究。基地秉承"服务浙江、辐射全国"的发展理念,关注浙江及全国其他地方的城乡社区、社会治理重大理论与实践问题,形成了一批立足于实践发展的民政政策与理论成果。

丛书说明

　　20 世纪 50 年代初以来,我国的街道和居民委员会(以下简称居委会)长期承担基层管理和组织城市基层社会的功能,形成了我国独特的城市社会样态。居委会与基层社会是理解中国社会不可或缺的视窗。改革开放后,社区建设与基层社会治理的重要性日渐突出,居委会、社区、基层社会的性质与功能、理论与实践都经历了更为复杂的变迁。系统整理、研究居委会与城市基层社会的历史档案资料,对于理解我国基层社会的变迁,研究其发展方向,提升社区治理现代化水平,当有独特的价值。

　　民政部—浙江大学全国民政政策理论研究基地与中国社区建设展示中心自 2010 年开始酝酿本丛书。近十年来,在民政部支持下,我们以 1949 年至 2000 年为时限,征集、收集了有关街道和居委会工作的档案资料,包括中央和地方的重要政策文件、工作报告、工作记录以及一部分重要的报刊资料等 1000 多种。现在,我们从中选择部分档案资料汇编成第一辑共 10 册。这里对收录的内容作几点说明:

　　1.《中国城市街道与居民委员会档案史料选编》系自中华人民共和国成立以来首次对全国范围内城市街道与居委会档案史料进行整理和编选,由民政部—浙江大学全国民政政策理论研究基地和中国社区建设展示中心合作完成。

　　2.主要依据文献的学术研究价值和实践意义进行筛选,收录发布时间最早及内容最完善的资料,文献内容包括但不限于城市和街道居委会的设立过程、制度建设、组织完善及各项具体工作的计划和成果报告,以及相关报道和研究。

　　3.编印按照原件发表时间排序,时限为 1949 年至 2000 年,1949 年前的相关资料收录于附录中。个别年份(1967 年至 1970 年,1974 年)因档案未解密或搜集到的资料质量不佳等原因未予收录。

　　4.早期城市街道和居民委员会工作人员提交的部分报告和工作记录中存在较多明显的别字和语病,为方便读者阅读,编者在不改变原义的前提下进行了校订,文中不再一一指出。对文中出现的方言、惯用语和生僻词等,则以脚注形式进行说明。

5. 由于档案文献有政策文件、工作报告、新闻报道、期刊论文等多种形式,标题格式不一,为便于读者检索,编者重拟了部分档案文献的标题,并将原标题列于脚注中。丛书按通行的书籍格式横版排编,资料来源加"【】"标注;无法辨析的文字,用"□"标注。

6. 档案原件主要来源于中央及各地方的档案馆、各地民政相关部门,少量来自政府工作网站。所用资料均经过核实,资料的出处标于篇末。

7. 为科学客观反映我国基层社会变迁,编者保留档案文献中反映各时期政治过程在基层社会影响的内容,希望读者正确鉴别。

《中国城市街道与居民委员会档案史料选编》编委会

2019 年 6 月

目　录

1962

关于中共杭州市上城区断河头
居民区形势教育后的情况[①]

　　为了分析当前形势教育效果,我区于 13 日上午、晚上和 14 日上午共两个半天一个晚上的时间,在清泰公社所属断河头居民区做了重点调查。前后召开了 9 个座谈会,共有 36 个居民参加座谈,座谈的对象是:一般群众 14 人,入社插队对象及其家属 13 人,回乡对象 9 人。居民区主要干部(居民、治保、卫生 3 个主任)参加了这次调查和共同分析,即将情况汇报如下。

　　通过宣传教育,居民群众在思想认识上有很大的提高,他们已认识到当前困难的严重性和产生困难的原因;初步明确要克服困难,首先党要发展农业,农业是国民经济的基础的思想已从实际教育中逐步建立起来。

　　1. 进一步看清了困难,明确了困难产生的原因。过去对困难到底有多少重、多少大,克服困难到底要多少时间是不清楚的,有的还看不到困难,至于困难的原因那就更加不明确了。如居民方留仙说:“没有听形势报告的,看到工厂里的人一个个被精简回来,想不通,听了报告后才晓得农业跟不上工业,三年自然灾害,农业减产,原料不足,工厂就要停工停产,工人就要被精简回来,让工业多下来的人员去发展农业,这是一个积极的办法。过去大办工业是对的,但是脱离了农业就不对,工业战线拉长了,工人多了,有的人家三四个人参加工作,钞票多了,就拼命地叫东西买不到,看到东西就买,好坏不管,贵贱不分,白市买不到就去黑市买,弄得市场上商品蛮紧俏,有点东西就哄光。”居民勇瑞安接着说:“农业跟不上工业,工业如果不调整,国家这个担子就会越挑越重,坐坐吃吃,金山银山都要吃空。”居民张连弟也说:“几年来城市人口也增加很多,农村来的多,生出来的也多,许多人都要靠农村养活,的确是困难。”接着就回忆说:“旧社会我生了 11 胎,只养活 4 个,现在生一个,养一个,多少顺当。一个孩子落地就是七斤粮食,各种票子都有,饭票还比大人多,吃、穿、用怎么不紧张呢? 报告上讲的句句是事实,国家当前困难的确是严重的。”

---

　　① 　原文标题为《关于断河头居民区形势教育后的情况》。

2. 农业是国民经济的基础的思想进一步树立起来了。如居民姚秀英说：
"万物土中生，人靠地，地靠人，支持农业顶要紧，样样东西都要从土地里种出
来。"居民孔素琴接着说："毛主席为我们大家操心，国家大困难，我们是小困
难，农村来的应该回农村去，年轻小伙子应该到农村去，只有地里种出来，我们
城里人才有得吃，农业发展了，工业才能发展。"居民宜清慧说："吃的、穿的、用
的，工厂里的原料都要算农业的发展，党号召人民支援农业是不会错的，去年
发挥了农民的积极性，今年蔬菜就多了交关。"居民胡芝英激动地说："旧社会
吃的吃煞，饿的饿煞，现在共产党毛主席领导，要大家有饭吃，有衣穿，生活好
过，这就是党的领导好。"

3. 大多数居民都表示要承担困难，克服困难，居民姚素英说："我们国家是
家大、人多、底子薄，毛主席当家不容易，大人家也负担不起，国家困难，要大家
来分担。"接着她表示了对子女的态度说："我大儿子本来在上海工作，这次党
号召支援农业，上级分配到安徽去，也高高兴兴。我对他说你年纪轻轻，应当
服从国家分配。"接着她又说："克服困难，要靠大家齐心、团结一致，粮食进口
是一个大困难，靠人家只好救救急的，救穷是救不好的。"居民李淑珍也说："国
家有困难，我们应该承担，听党的话，服从分配。"居民宜清慧也表示说："哪里
来的哪里去，有亲眷的亲眷家里也好去，没有亲眷的由政府安排，总是要服从
政府的分配。"

在座谈中所暴露出来的思想问题也是不少的，这主要反映在入社插队和
回乡人员中。从13个入社插队对象及其家属的座谈情况来看，有如下几种
情况。

（一）3个青年，3种打算

1. 参军热情高，农业生产不愿搞。如直吉祥巷1号青年陈建生（17岁）
说："参军我是去的，参加农业生产我不去，如果参军不被录取，我仍在城市里
等工作做，找不到工作也要等等看。"

2. 鱼有鱼路，虾有虾路，留在城市日子也能过。断河头66号青年路德清
（24岁）说："参加农业生产我是乐意的，国家需要加强农业，到农村去也是青
年的出路，但是根据我目前的状况我不能去，因为父亲年老，弟妹幼小，无人照
看。我现在虽无固定职业，但在街头巷尾修修搪瓷，介绍一些家庭节约的办
法，日子还能过得去，对社会来说，修修补补也是需要的，我一边做生意一边宣
传节约，对国家也有好处。"

3.参军没条件,农业不愿干,留在家里等几年。平阳里 9 号青年屠天宏(28 岁)说:"我是 1960 年从工学院失学回家的,农村我不准备去,国家现在这样困难,是想不到的。过去的许多抱负不能实现,现在能够过去就过去,在家看看书,学点知识是不会吃亏的。"

(二)10 个家长,3 种情况

1.对当前形势和国家的困难认识比较清楚,愿意让子女参加农业生产,态度比较坚决的有 3 人。如方顺鑫的母亲说:"现在国家有困难,主要是农业减产,现在城市里的人多,农业劳动力不够,城市青年应该去参加农业生产,我与儿子方顺鑫讲过几次,叫他到嘉兴去,又近,地方也好,待在城市里不如到农村去生产好,我一定要动员他去参加农业生产。"

2.对加强农业生产有所认识,但态度犹豫的有 2 人。如范图棵的妈妈说:"农业生产是主要的,农业好了,工业也好。去不去还是由儿子自己决定,他愿意去我决不拖后腿,他不肯去,我也不能强迫他去。"

3.大道理也会讲,但强调各种理由,不愿意让子女去农村的有 5 人,具体分析又有 4 种情况。一是在城市有出路,强调到农村去会增加家庭困难。如王俊声的母亲说:"现在家里吃口重,王俊声现在利群烟厂做临时工每天有 1 元 4 角的收入补贴家用,如果今后临时工没得做,临时替人打扫收拾也能解决,但到农村后家里没法维持了。"陈阿四的妈妈打算让儿子顶替父亲修棕棚,不让儿子去农村。二是强调子女年纪小,农业劳动体力不够,准备让子女在家自修,以后考学校。三是强调家里没人照顾,跑不出。四是强调女孩子不习惯农业生产,怕子女到农村去吃苦。

(三)9 个回乡对象的座谈情况

1.认识明确,愿意回乡参加农业生产的有 2 人。如直吉祥巷 14 号朱季昇,男,30 多岁,他说:"我最近被杭州齿轮机厂精简回来,愿意回乡参加农业生产,两次到绍兴,但是单位没有给我挂好钩,使我两次都很失望。家中有 6 人,3 个大人,3 个小孩,老婆也被精简回来,生活十分困难,荡起来没有工作做,也没有啥味道,我准备再去找单位,给我联系好,我一定到农村,同时根据农村情况,准备把家属也带去。"

2.有所认识,但还犹豫不决的有 2 人。如断河头 41 号虞水林,本人在下城区杭州木器厂工作,家属是 1952 年由绍兴迁来的,现在老婆在杭没有工作。他说:"三年自然灾害,粮食有困难,希望农业丰收,这样我们的生活就会好起来。现在我们要服从党的政策,响应党的号召。但是,我本人解放以前就来杭学生意,老婆解放后来杭,如果回乡,家中虽有老母亲,但东西一无所有,回去有困难,但不回去吧又不服从党的政策,难以决定。"

3.认识上没有提高,表示不愿意回农村的有 2 人。如断河头 39 号冯招贞,丈夫在义乌白马沟中学教书,生活主要依靠丈夫,但是她说:"我去丈夫那边,靠他一点工资维持家庭生活是过不下去的,我还是在杭州好,可以给人家做些针线生活,带带孩子,可以赚个 20 元,弥补家庭开支的不足,我还是待在杭州好。"

(还有 3 个不确定是不是回乡对象,没有排进去。)

以上情况说明,广大居民群众通过宣传教育以后,在认识上有了提高,但从动员对象的思想状况来看,与任务要求还有相当大的距离。因此,我们认为:

1.进一步加强思想教育工作,要抓紧、抓细。目前不少地区已开始注意做动员对象的工作,采取开座谈会的形式,进行说服教育。但我们从这次座谈会中体会到,参加座谈的人数一定不要太多,一般以四五个人为宜,形式要活跃一些,如同谈家常一样。这样有三个好处:(1)人少谈得开;(2)容易暴露思想;(3)便于做启发说服教育工作。除了开座谈会以外,还可以做一些有重点、有目的的串联工作。

2.为了使思想工作有的放矢,落实到人,不仅是公社干部,而且是居民骨干,对有哪些动员对象一定要做到心中有数。在排出对象的基础上,再排出对象的思想,然后采取先易后难的方法,进行动员教育。这样做看起来慢一些,实际上反而会快,开始的时候可能麻烦些,但会减少整个工作中的许多麻烦。

中共上城区委正编领导小组办公室

【选自《精简工作简报》第 9 期　由杭州市上城区档案馆提供】

杭州市民政局关于培训居民委员会的计划①

民政〔1962〕字第 003 号

区、县人委：

1961 年度的居民委员会改选工作已经结束，通过改选，进一步纯洁了组织，健全了制度，为今后开展街道居民工作打下了良好的基础。但是由于大跃进和人民公社化以来，原有居民委员参加生产和工作的很多，这次改选加入了不少新成员，他们对街道工作的方针政策不够熟悉且经验不多，办法较少，因此，有必要对他们进行一次培训。通过培训，他们能够明确居民委员会的性质、任务和街道工作的重要意义，以及有关方针政策和工作方法，从而在各项工作中正确地贯彻政策，更好地搞好街道居委会工作。为此，特提出培训计划如下。

一、培训对象

主要培训居民委员会的成员，至于居民委员会领导下的治安保卫委员会和调处委员会的成员以及街道妇女组织的成员是否参加培训，由各区根据具体情况决定。

二、培训内容

以民政局会同有关单位编写的材料为主，其中包括六个部分：居民委员会的性质、任务，居民委员会的组织分工，居民委员会的主要工作，居民委员会的工作方法和工作态度，居民委员会和其他组织的关系，居民委员会的经费。结合学习《城市街道办事处组织条例》《城市居民委员会组织条例》以及本地区的实际工作经验等进行。

三、培训方法

居民委员会主任委员最好由区、县集中进行培训，一般委员可以以街道办

---

① 原文标题为《关于培训居民委员会的计划》。

事处(公社)为范围进行培训,地区比较集中的区、县也可将一般委员集中到区、县进行培训。为了少耽误居民委员的生产和工作,以及减少区、县在吃住上的困难,可以采取分批分期集中讲课、分散座谈的办法进行。在培训中,一般以专题讲解为主,结合座谈讨论,但无论是讲解或座谈讨论,都要联系思想和工作实际,以增强培训效果。讲解时可请有关单位负责人主讲。

四、培训时间

整个培训工作在 1962 年 1 月底前做好准备工作,2 月开始训练,3 月底基本结束,每批每期以 10 天左右为宜,具体时间安排由区、县自行决定。

五、组织领导

为了加强培训工作的具体领导,各区、县在改选居民委员会时成立的新改选领导小组继续领导这一工作,以便经常对培训工作进行督促检查,解决存在的问题。

六、培训经费

培训时,所需水电、纸张、文具等相关的必要费用可在居民委员会公杂费里开支,少数必须补助伙食费的可在居民委员会生活补助费内开支。无论是公杂费还是生活补助费的开支都应本着精简节约的原则,防止铺张浪费。

各区、县可根据本培训工作计划结合本地区具体情况,订出区、县培训计划并于 1 月底前报局,在培训工作结束后,应逐级总结上报。

1962 年 1 月 10 日

【由杭州市档案馆提供】

杭州市上城区 19 个居民区摸底有 48 户缺粮卡①

19 个居民区摸底有 48 户缺粮卡,共缺粮 672 斤。

缺粮原因除 3 户是粮票丢失外,其余大都是计划用数不当,在上几个月逐渐缺下来的。也有 4 户是因为定粮标准过低。

1962 年

【由杭州市上城区档案馆提供】

---

① 原文标题为《19 个居民区摸底有 48 户缺粮卡》。

杭州市上城区压缩城镇人口工作简报①

　　根据市委关于"压缩城镇人口有关动员返乡对象"的几条规定,我们选择了清波地区诚仁里、段局司弄、机神庙巷三个居民区进行了调查,经过反复核实,除了机神庙巷 1958 年从外地迁入人员较少外,其余两个居民区外地迁入人员较多,地区也很广泛,情况错综复杂,经过反复核对,还不够彻底,现将既得情况,初步分述如下。

(一)

　　诚仁里、段局司弄、机神庙巷三个居民区 1961 年底共有居民 1167 户 4530 人。1958 年以来由农村小城镇迁入的有 44 人,占总人数的 0.97％。按性别分:男的有 5 人,占 11.36％,女的有 39 人,占 88.64％;按年龄分:10 岁以下的有 1 人,占 2.27％,10 岁及以上 15 岁以下的有 2 人,占 4.55％,15 岁及以上 60 岁以下的有 29 人,占 65.91％,60 岁及以上的有 12 人,占 27.27％;按年份分:1958 年迁来的有 18 人,占 40.91％,1959 年迁来的有 8 人,占 18.18％,1960 年迁来的有 16 人,占 36.36％,1961 年迁来的有 2 人,占 4.55％;按地区分:本市各县的有 4 人,占 9.09％,本市以外省内各县的有 24 人,占 54.54％,省外的有 16 人,占 36.37％;按迁入原因分:来照顾子女的小孩的有 8 人,占 18.18％,依靠丈夫生活来杭的有 20 人,占 45.45％,父母双方在外地工作,来杭寄托小孩的有 3 人,占 6.82％,年老又在乡下无人照顾来,杭投亲生活的有 10 人,占 22.73％,来杭寻找工作或来做保姆的有 3 人,占 6.82％;这些人员目前在农村或小城镇有人有屋的有 21 人,占 47.73％,无人无屋的有 23 人,占 52.27％。

(二)

　　我们在调查摸底的基础上,召开了几次居民委员会主任和小组长干部会

---

　　①　原文标题为《上城区压缩城镇人口工作简报》。

议,根据市委有关处理的规定,逐个进行分析研究,经过排队,梳理出以下三类情况。

第一类:来杭后没有固定职业,或虽有临时职业但很不稳定,年轻有劳动能力,原籍又有人有屋的,以及迁杭不久,又长期居住在乡旧的,应坚决动员回去,而且这些人经动员后也能接受,共计有13人,占29.55%。

第二类:子女多、牵累大、原籍无人无屋,以及部分在杭依靠亲戚和丈夫生活,经济情况又较好的,对其的动员进行得较困难,需要各方面做思想工作,一部分能积极接受,另一部分坚决不愿回乡的共有15人,占34.09%。

第三类:年老、年小,来杭投亲生活和因病需要照顾的有16人,占36.36%。

(三)

在数次居民干部会议中,暴露了一些思想问题,居民干部之中有的怕得罪人,认为工作组工作起来是有时间性的,运动一结束,工作组回去了,他们不能走,今后听骂声的是他们,历次运动中他们尝够了这个味道;也有的存在畏难情绪,在排到某些动员对象时,这也难,那也难。如谈到段局司弄居民干部排出来的压缩对象陈爱珍时说:"这个人呀,平时干部都难向她接近,弄不好就破口骂人,这次要是动员她,真是困难。"又如该区居民曾根味,系1958年从农村迁入,当时派出所不同意报户口,她的丈夫两次上吊威胁干部,居民干部说:"此人现在动员她回乡,她丈夫又会重演过去的手法,真够棘手的。"因此,我们认为居民干部存在怕做难人的畏难思想的情况是比较普遍的,在运动开始前首先必须对他们进行思想教育,帮助他们提高认识,交代具体进行的方式方法,以克服他们的不正确思想,树立信心,鼓舞干劲,这是保证运动进展的重要一环,不可忽视。

(四)

从调查中我们发现有以下也应作为压缩对象进行处理的情况。

1.迁杭居住时,依靠直系亲属生活,后直系亲属因病死亡或因其他原因离杭,现在生活依靠外地的直系亲属寄钱供养。如诚仁里居民潘梁氏,女,65岁,1958年由南京迁杭依靠小儿生活,现其子被捕劳改,目前依靠在萧山的长子寄钱来过活。对此,我们认为虽市委规定60岁以上的年老人员和来自大中城市的可不予动员,但因其情况变化,供养关系转化,也应积极动员他们迁往有生活依靠处居住。

2.男方在杭工作,女方居住在农村,女方来杭生育,其子女户口随父报入杭州,后与母随同返乡。如诚仁里居民郭麦花迁来不久,随母返乡,迄今一年多时间,粮食等供应关系仍在杭州。对此,我们认为应将这类人员迁往抚养处,以达到人、粮、户三者一致。

3.原系世居杭州,之后男女双方调外地工作,其子女户、粮关系仍在杭州,但人已同父母随往同迁,如诚仁里居民陈菊如,已调外地教书,其两个小孩户口仍在该居民区,人却带在身边,居民干部曾数次动员她将其子户、粮关系迁往她的工作单位,她总是不愿。对此,我们认为人已不在的,应将户、粮关系迁出,亦有利于户与粮的一致。

以上三个方面的情况,只是问题的一个部分,一旦全面展开,各种具体情况还有很多,可以从实际出发,按照市委有关规定政策,具体问题具体处理。

上城区压缩城镇人口办公室

1962 年 1 月 16 日

【由杭州市上城区档案馆提供】

天津市街道办事处开具证明文件与有关问题的通知①

政樊字 12 号

近来,不少部门向街道办事处索要证明文件的事情日渐增多,种类也繁杂,据初步统计有 40 多种。索要单位以部门最多,约占 80%。这样一来就加重了街道办事处和居民组织不必要的负担,造成了忙乱。而且由于某些证明不好开,其也给群众增加了不必要的麻烦,影响了政府与群众的关系。

当前开具证明多的原因,主要是有些基层单位图省事,推卸责任,缺乏深入细致的调查研究工作和实事求是的工作作风,把索要证明当作主要的工作方法。这是不适当的。

为了改变这种情况,现将街道办事处开具证明文件的职权范围和有关的问题通知如下。

(一)街道办事处应开具的证明

1. 中央、省及市、区人民委员会规定应由街道办事处开具的证明,如社会青年投改大学、中学,社会失学、失业居民进行劳动登记或投改职业,军属到边防地区探望亲属,因特殊需要提前取公债等。

2. 市民出省领取全国通用粮票的证明。

3. 市民因生活福利问题与本市各机关、企业、团体等联系或交涉事情所需家庭经济情况的证明。如市民家庭生活困难,申请免费接生,减免医疗费、死亡埋葬名穴费,缓期偿还贷款,减免房租、助学金、学杂费等。这项证明只限于家庭成员均无职业的市民开具。

4. 属于市民自产自销范围内的产品,根据税务部门印制的自产自销证明规定开具证明。

5. 市民申请摊贩执照、减免房地产税、修房补助、减免诉状费等所需要的家庭经济情况的证明。

6. 家在本市的外地职工,其工作单位要了解本人家庭情况的,区、街应开具证明。

7. 街道办事处认为有必要开具的证明。

---

① 原文标题为《街道办事处开具证明文件与有关问题的通知》。

（二）凡属市民需用商品，购买各种物品，变卖衣物，证明物资所有权，向银行提前取款，证明历史身份、亲属关系，转关系，转户口，携带东西，出门开路条等的，街道办事处一律不予证明。

（三）应由有关部门负责办理的事项

1.机关干部，厂矿、企业的职工及城市公社社员等有组织的居民，其家庭生活困难情况，本人情况，家属死亡、生育、医疗减免补助，子女申请助学金，减免学杂费，发放职工福利，家庭情况以及职工、干部、学生出省领取全国通用粮票的证明，应由本单位负责办理。

2.凡属营养补助、病人特需用粮、母奶不足订购牛奶、转移牛奶订户关系、转移烟票关系等，均应由医务部门、商业部门等有关单位开具证明，或由本人提出相应的证明文件。

3.市民修缮房屋需要购买之各项建筑材料或物料，应根据修建执照和实际情况由各街房管站或房屋管理部门驻街干部负责审定解决。

4.凡市民丢失粮本、工业品本、副食品本、煤本、菜卡等，由本人向发本单位提出申请，发本单位应认真了解情况后再酌情予以补发。在了解期间，居民委员会应介绍情况，但不开具证明；在未补发之前，居民在生活上确有困难的，发本单位应适当解决。

5.凡市民生活困难确实需要多购粮以及因特殊情况必须提前借粮的，由街道办事处根据实际情况与粮食部门联系解决。市民以所存少量的全国粮票与河北省粮票换限取地方粮票，按需要领取河北粮票，或用地方粮票购粮等，均不开具任何证明。

6.公民身份证明，由当地公安派出所开具。

（四）各单位一律不得向居民委员会要证明，各居民委员会一律不得向任何机关、工厂、企业开具证明。

（五）今后需由街道办事处开具的证明应由主管单位呈请市、区人民委员会批准和同意。业务部门、基层单位一律不得任意规定要求街道办事处开具证明。

（六）需由区人民委员会出具证明的，必须是经中央、省及市人民委员会决定或同意的问题，或由索要证明单位直接与区人民委员会联系解决，各单位不得自行规定向群众索要区人民委员会的证明文件。

以上各项，希各有关单位严格遵照执行。

天津市人民委员会

1962年2月2日

天津市人民委员会关于整顿街道组织及居民组织的通知

政樊字 13 号

目前,在街一层建立的长期的、临时的各种各样的组织,多达 20 余种;在居民区一层建立的组织也有十几种之多;还有在居民委员会或居民小组设立所谓"八大员""十大员"的。这些组织有的已经有名无实,有的已经完成了任务,但未宣布撤销。"组织多"已使街道领导力量分散、工作被动、会议增加,以致影响了积极分子的生活和家庭关系。因此,有加以整顿之必要。

整顿的原则是:凡是有名无实、不为群众需要的长期组织以及已经失去时效、完成任务的临时组织,一律撤销;性质重复、不便群众的,予以合并;群众需要、便于工作、有利生产的,应予保留。

一、在街范围内得设立或保留的组织

1. 街道办事处:是区人民委员会的派出机关,受区人民委员会的领导。

2. 公社:是集体经济组织,同时且有一定的社会基层职能,受区人民委员会的领导。

3. 公安派出所:是区公安分局管理治安工作的派出机关,受区公安分局的领导。

4. 街妇联:是妇女群众的组织,受区妇联的领导。

街、社、所和妇联是配合、协作的关系。

5. 粮油管理站:是区粮食局派驻街道的粮油管理部门和经济核算单位,受区粮食局和街道办事处的双重领导。

6. 票证管理站:为了便利群众、加强票证管理工作,在街范围内建立票证管理站。受区商业局和街道办事处的双重领导。其人员编制、经费开支等仍由原部门解决,由区商业部门配备 1 至 2 名站长、副站长,负责票证管理站的领导工作。

7. 房地产管理站(简称房管站):是区房产公司派出的经营管理公产房屋的事业单位,受区房产公司的领导,并受街道办事处的监督。

8. 中心商店:是区级商业公司派驻街道的企业管理部门和经济核算单位,

受区商业公司的直接领导,并受街道办事处的监督。

9.街道爱国卫生运动委员会:是负责号召、推动、组织与检查地区性爱国卫生运动的组织,受区爱国卫生运动委员会的领导。

10.卫生院:是地区性医疗、卫生事业单位,它承担着街道居民、公社社员和一部分小型工厂的疾病治疗和预防以及地区性消毒任务,受区卫生局的领导,并受街道办事处的监督。

11.街道红十字会:是群众性的卫生救护团体,受区红十字会的领导。为了便利工作,街道爱国卫生运动委员会与红十字会可采用两套组织、一套人马的办法来推行工作。

凡在街道范围内带有政权性质的或行政管理性质的组织,不在上述应设或保留范围以内的,一律撤销。如扫盲委员会(扫盲协会)、业余教育委员会、墙子河管理委员会、绿化委员会、动员还乡领导小组、中心运动办公室、税务机关等,其经常工作由街办事处或其他有关组织承担。

目前有的街设置了校外活动指导委员会,有的街没有。鉴于我市大部分初中、小学实行二部制,学生校外活动需要指导。因此,这个组织还可暂时保留,维持现状。

二、在居民区范围内得设立或保留的组织

1.居民委员会:是群众自治性的居民组织,受街道办事处的指导。

居民委员会下保留两个工作委员会。一是治安保卫工作委员会,是群众性的治安保卫组织,受居民委员会的领导,并受公安派出所的指导。二是调处工作委员会,是人民群众自我教育、自我约束、互相监督、自己解决自己问题的群众性组织,受居民委员会的领导,并受区人民法院的指导。

居民委员会下设居民小组。

2.职工家属委员会:在职工家属集居区建立的职工家属委员会,是职工家属自治性的群众组织,代行居民委员会的职责,受基层工会组织的领导,在地区的工作上受街道办事处的指导。

职工家属委员会下设家属小组。

3.妇代会:是街道妇女的基层组织,受街妇联的领导,与居民委员会是协作、配合的关系。

4.红十字会卫生站:是街道红十字会的基层组织,负有协助政府推动爱国卫生运动、开展卫生宣传的责任,受街道红十字会的领导,与居民委员会是协

作、配合的关系。

除上述组织外,其余一般的应予撤销,如卫生小组、税务小组、房屋小组、绿化小组、动员还乡小组、文教工作委员会、卫生工作委员会等等。其任务由居民委员会的分工委员和居民小组长承担。

三、今后在街道上建立组织,必须严格掌握与控制

1. 建立长期性、固定性的组织,属于政权性质者,须经市人民委员会决定或批准;属于人民团体者,建议由各市级人民团体决定或批准。为了精简组织、统一步调,市级人民团体在街道建立新的组织时,建议街道与市人民委员会研究、商量决定。

2. 因中心任务或突击任务,需建立临时性组织者,须由区人民委员会批准,或由市人民委员会决定。任务结束后,应正式宣布撤销。

各区人民委员会应该根据这个通知的精神,结合本区的具体情况,对现在的街道居民组织进行整顿。这一工作应有准备、有步骤地进行,以免影响中心工作。区与区之间可有"大同小异"的灵活性。

天津市人民委员会

1962 年 2 月 2 日

天津市人民委员会关于居民委员会
经费的掌握和使用问题的通知①

政樊字 20 号

为便于各区掌握和使用居民委员会经费,特通知如下:

一、自 2 月份开始,居民委员会经费按每月 20 元开支。其中公杂费 3 元,居民委员会委员生活补贴费 14 元 5 角,委员会奖励金 2 元 5 角。

此项经费由国家财政开支 15 元,公社开支 5 元。其中公社开支部分由各区人民委员会统一调用、平衡,具体提取方法由各区自行研究决定。

二、居民委员会公杂费,用于文具纸张、水电、晚报及其他杂项开支。

公杂费可以由各街道掌握使用,也可以按月发给居民委员会。凡由街道办事处掌握的,应将公杂费全部用于居民委员会的日常开支,不要与街道办事处的行政经费混淆。在使用时可以按月发给居民委员会一部分现款,以便居民委员会开支零星费用。凡公杂费发给居民委员会的应由居民委员会主任负责掌握,并指定专人保管。各街道还应明确交代开支范围、报销手续以及有关注意事项,以免开支不当的情况发生。

三、关于居民委员会委员生活补贴费。生活补贴费主要用于居民委员会委员以上的积极分子(包括妇代会主任兼任居民委员会的副主任),按季补贴。除个别工作不经常、挂名不活动、长期卧病的以外,其他的委员都可以享受此项补贴。补贴数额按每人 3 至 5 元的标准开支,差距不宜过大。

生产补贴费也适用于因公负伤、因病无力治疗和家庭生活困难又不够社会救济条件的积极分子。每人每次按 5 至 12 元的标准掌握。享受这项补贴的人员须由居民委员会评议提名,街道办事处审查批准。此项补贴不应采取长期的社会救济方式。

居民委员会生活补贴费的发放必须有领导地进行,由各街道分片的外勤干部亲自掌握。要事先了解工作情况、任务繁简程度、活动时间长短,做到心

---

① 原文标题为《市人民委员会关于居民委员会经费的掌握和使用问题的通知》。

中有数,掌握补贴幅度。力求做到使积极分子心平气和,多数人满意,从而进一步调动街道积极分子的积极性,做好街道居民工作。

四、居民委员会奖励金 2 元 5 角。其中由市人民委员会掌握 5 角,用于全市性的奖励活动费用;区、街道掌握 2 元,但各区掌握的费用限于全区性的评奖开支,大部分应交各街道掌握使用,区、街对奖励金的掌握比例由各区自行规定。

奖励金的使用应本着勤俭节约的精神,从激发调动街道中一切积极因素出发。对评选的先进单位、先进个人,根据当前物质条件,各区可以发给奖章、奖状及其他可能的实物,各街道可结合重大节日举办一些奖励活动。

五、居民委员会经费的报销。财政开支的 15 元除市掌握的 5 角奖励金外,其余 14 元 5 角按公杂费、生活补贴费及区掌握的奖励金三项报销。

公社开支的 5 元,按生活补贴费及街道掌握的奖励金两项报销。

1962 年 3 月 9 日

【选自《天津政报》1962 年第 6 期】

杭州市上城区人民委员会
关于召开街道办事处会议的通知

上委办〔1962〕字第 74 号

各部门,各街道办事处:

　　最近各街道办事处反映,其来区里参加各种会议的时间较多,影响了日常工作的进行。根据目前各街道办事处的实际情况,为了纠正过多地来区参加各种会议的现象,经研究决定,自即日起,各部门应大力精简会议,切实做到可不召开的会议坚决不召开,必须召开的会议也应尽量合并召开。凡必须召开的各种会议,均需事先与办公室联系,以便据情做统一安排,希认真遵照执行为要。

杭州上城区人民委员会

1962 年 3 月 13 日

【由杭州市上城区档案馆提供】

杭州市上城区关于改进街道办事处工作的意见①

（讨论稿）

自从城市人民公社成立以来,我区所属各公社在组织社会闲散劳动力、发展生产和组织人民经济生活等工作中,取得了很大的成绩。但也存在一些问题,主要是街道办事处和居民区组织不健全,公社和街道办事处职责范围不清,分工不明,公社代行了街道办事处的职能,加上各项管理制度不健全,致使工作忙乱,工作质量不高,同时,在一定程度上影响了干部的积极性。当前的主要问题是:

1. 街道办事处组织不健全,公社和街道办事处的职责不清。公社成立以后,街道办事处虽未撤销,但实际已无人,只是空有其名,工作全由公社包办代看,党政不分的现象也比较严重地存在。

2. 居民组织不健全。自 1958 年居民委员会改选以后,情况变化较大,居民干部中有不少已经就业,有的因有政治问题,不适于继续担任居民干部,有的住址有变动。干部减少后,又没有及时改选或补选,因而居民组织残缺不全。同时,随着各项事业的发展,各项工作越做越细,居民区的工作也越来越多,居民干部中出现了身兼数职,甚至身兼 20 多职的现象。兼职多,势必造成每项工作都不能深入细致地进行,工作质量不高。

3. 对居民干部使用多、培养少,批评多、鼓励少,这在一定程度上影响了他们的工作积极性。居民干部总的情况是:觉悟高,干劲足。他们说:"现在是尽义务,如果给我十元八元的津贴也吃不消干这工作。"但居民干部多系家庭妇女,缺乏工作经验,在繁多的工作里面分不清轻重缓急,各级在布置工作时,又只交任务,不交方法,致使居民干部工作效率无法提高。加之居民中老干部逐渐减少,新生力量又没有培养,更使他们每天忙忙碌碌。同时,由于有些干部工作方法简单,作风粗暴,动辄训斥或在群众大会上批评居民干部,也使有的居民干部心情不舒畅,他们说:"有事有人,无事无人。"发放票证时,由于票证

---

① 原文标题为《关于改进街道办事处工作的意见》。

多、手续繁,常有差错发生,但有关部门不分析具体情况,一律要赔偿,有的干部只得自己少吃少用,把自己的一份拿来赔,而在物质待遇上,他们和居民群众一般无二,这样,也影响了这些干部的工作积极性,有的说这工作是跑煞、忙煞,还要吃赔账,吃力不讨好,不愿再干。

4.居民组织领导多头。除公社布置的数十种居民区经常工作,有的部门为了自己工作的方便,也随意给居民区布置任务,如银行、粮食局、房管所、药店等,直接同居民区布置储蓄任务、发粮票糕票、发补贴粮、收房租和房地产税、卖□□烧酒,以及分配篮子、吊桶、铁锅等等,有的还要居民干部自己筹款,自己组织力量运输,有的要限期完成任务,使居民区的工作不能统一安排,甚至影响到中心工作的进行。

由于上述问题的存在,几个街道办事处除社会救济、优抚、卫生、办理婚姻登记、发放部分票证(指婚丧喜事、生老病死的票证)等工作做得较好以外,其他工作一般是由其他部门代办或没有很好地开展。如区人委的交办事项,多数是由公社和派出所代办了。主要是:(1)居民中民事纠纷基本上是由派出所出面调解;(2)社会闲散劳动力由公社作为突击工作抽调干部办理,街道办事处没有掌握这一情况;(3)对社会上有劳动力的困难救济人员,组织他们生产自救,把工作担当起来;(4)对居民委员会的领导,因无专人负责,致使居民委员会形成既无人领导,又都是领导的状况;(5)经常组织居民群众开展"五好""六节"工作和贯彻"两勤"方针,还没有名副其实地负起责任,过去做了一些工作也都是公社包办了;(6)民办小学、幼儿园、托儿所都还未管起来,群众性的文化体育活动也未开展起来。

根据上述存在的问题和当前实际情况,为了加强对公社和街道办事处的领导,进一步调动居民干部和群众的积极性,更好地管好街道工作,以适应新形势发展的需要,提出如下改进意见。

(一)明确街道办事处和公社的职权范围

根据我区当前体制变更后的情况,以及市委《关于城市人民公社若干问题的规定》中关于公社管理委员会和街道办事处并存,公社不代行政权职能的规定,公社和街道办事处的性质与任务如下。

城市人民公社是集体经济的联合组织,它的主要任务是:

1.领导和管理社办工业,组织社办工业积极发展小商品生产,满足市场需要,并加强对社办修理队、运输队的领导,管理和教育。

2.领导合作商店管理委员会,管理好合作商店、合作小组和代销店,帮助他们改善经营管理,做好市场供应工作,并加强对小商小贩的管理和教育改造工作。

3.根据"五自"方针,积极管好公共食堂、生活服务站等集体生活福利事业。

4.管理公社经营的一切集体所有制企业的财务,计划、贯彻勤俭办企业的方针,严格实行经济核算。

街道办事处是区人民委员会的派出机构,它的主要任务是:

1.动员和教育居民响应党和政府的号召,遵守各项政策法令。

2.办理区人民委员会交办的各项工作。

(1)认真办理军工烈属的优抚工作和社会救济、退休金的发放,组织生产自救以及婚姻登记等工作。

(2)办理和分发居民群众经常需要和特需(出生入死、婚丧喜事)的各种票证,并根据有关规定出具各种减免、遗失、出售货物和购买特需商品等证明。

(3)发动居民群众积极搞好除害灭病和绿化工作。

(4)组织和发动居民开展群众性的文化体育活动,指导辖区内民办小学、居民业余学校、幼儿园(托儿所)的工作,以及扫盲和其他教育工作。

(5)调解居民中的民事纠纷。

(6)掌握街道辖区内闲散劳动力的情况,并根据上级需要,做好组织调配和输送工作。

(7)做好一年一次的征兵和经常性的民兵组织、训练工作。

3.指导居民委员会的工作。

4.向上级反映居民群众的意见和要求。

5.协助有关部门工作。主要是协助管理市场、储蓄、税收等工作。

(二)健全组织,建立制度

根据精兵简政的精神和实际工作需要,除区人委应有一区长负责监管街道工作外,各公社、街道办事处和居民委员会必须健全组织,并配备和选拔一定数量的干部办理各项工作。

1.精简公社管理委员会。现在公社管理委员会一般有 25 至 30 人(包括党委),应精简为 11 至 14 人,其中设副主任 1 至 2 人,干事 10 至 12 人,负责管理社办工厂、合作商店、小商小贩等工作。

2.健全街道办事处组织。街道办事处设主任1人(兼公社主任),副主任2人,办事员4人,管理街道各项工作。

3.改选和健全居民委员会。对现有107个居民区都应进行一次改选,健全居民委员会组织。委员会7至17人,其中有主任1人,副主任3人,下设治安保卫、经济生活(包括分发票证)、社会福利(包括优抚工作)、文教卫生、妇女等五个工作委员会。在健全组织的基础上,还必须建立和健全必要的制度,以加强责任感和保证各项工作的正常进行。

(三)转变工作作风,改进工作方法

在日常工作中必须注意如下几个方面:

1.区人委各部门向街道办事处或居民区布置工作,应事先按月提出计划,经主管街道工作的区长批准,由区人委办公室做统一安排,以免基层领导多头,工作相互冲突。

2.公社、街道办事处、公安派出所应加强联系,密切配合。如三方在向居民布置工作有冲突时,应协商解决,防止分工如分家的现象产生。

3.街道办事处由于干部少,管理面广,在干部分工上,应按所辖地区大小,采取条块结合的方法,即上面按工作性质分工,下去时按一个人管几个居民区分工,既不能各管一线,也不能各包一块。

4.加强群众观点。工作中走群众路线,有事和居民群众商量,充分发挥居民委员会的作用,依靠大多数人搞好工作,经常关心他们的工作和生活,及时帮助他们解决工作中的困难和问题,使他们安心干居民工作。

5.经常注意培养居民干部,不断充实新生力量。一季或一年评选一次居民干部积极分子,召开积极分子大会,并给予适当的物质奖和荣誉奖。

6.定期向居民干部总结报告工作,表扬好人好事,加强对他们的政治思想教育,交流工作经验,不断提高他们的觉悟水平和工作能力。

(四)解决居民干部的一些实际问题

居民干部的工作都是不计报酬的义务劳动,他们任务繁杂,常工作至深更半夜,毫无怨言。为了更好地发挥他们的工作积极性,除在政治上、精神上给以鼓励外,还必须在物质上给以适当照顾:

1.在某些物质的供应方面给以适当增加。如有烟、酒嗜好的居民干部,适当增加一些香烟、老酒的供应量;对某些紧俏物资,给予优先购买的权利,或者发给他们一定数量的购物券。

2.对生活确实有困难的居民干部,应主动地给予补助。

3.在分发各种票证或分配某些紧张商品时,对确系工作差错所造成的短少,应一律由发放单位补足,不应由居民干部自己赔偿。

4.因突击工作需要,居民干部工作到晚上10点以后者,应给夜餐费和夜餐粮的补贴。

(五)加强公社党委的领导

公社党委设书记1人,副书记1人(街道办事处主任兼),干事2人,团委书记1人。为了使公社、街道办事处、派出所三方面工作步调一致,互相协作,以加强党对各项工作的领导,公社党委会应有公社主任或副主任,街道办事处主任或副主任,派出所所长或政治指导员参加,公社党委副书记应兼管街道政治思想工作,并将街道工作作为党委的工作之一,经常进行讨论,定期检查;应加强对街道干部的政治思想教育,加强街道基层组织建设,重新教育党员,不断提高党的战斗力,并充分发挥各种组织的作用,统一安排所在地区的工作。

中共杭州市上城区委员会

1962年3月14日

【由杭州市上城区档案馆提供】

杭州市上城区诚仁里居民区先进材料^①

　　诚仁里居民区 1961 年的卫生工作,紧密结合生产、生活,在原有基础上又向前推进一步。

　　该居民区积极响应党的"大办农业,大办粮食"的号召,自力更生,克服困难,大种蔬菜,大养禽畜。全居民区 476 户居民中,有 368 户养了鸡,共 1640 只,室内园子、空地都种了蔬菜,但卫生工作仍然十分出色。禽畜全部圈养,勤出粪,勤打扫,根据具体情况,因地制宜,就地取材,利用原来的硬地或用破席、木板、稻草等□地,并和农民挂钩,每天清除禽粪,既保持了卫生,又增加了收入。由于注意禽畜卫生,鸡鸭只只肥壮,产蛋率都很高。种菜和绿化搞得很调和,做到环境整洁美观,并采用傍晚施肥、施稀肥、摆诱杀缸的办法,避免蚊蝇孳生,历次检查中,孳生地都控制严密,很少发现蚊蝇。

　　此外,该居民区的环境卫生和防治疾病工作都做得很好,每条街巷都有专人和轮流打扫的制度,基本上做到无痰迹、无纸屑。每个墙门都有代表,大家遵守公约,坚持爱国卫生日制度,户户窗明几净,防病灭病,做到家喻户晓,无病先防,有病早报,有效地控制疾病发生。

1962 年 3 月 17 日

【由杭州市上城区档案馆提供】

---

　　①　原文标题为《诚仁里居民区先进材料》。

关于杭州市上城区清泰街道办事处
三益里城头巷两个居民区压缩
城镇人口试点情况简报①

为了取得压缩城镇人口的工作经验,我们在清泰分社选择了三益里、城头巷两个居民区进行了试点。现把初步情况简报如下。

三益里和城头巷居民区是中型的居民区,集体单位的家属宿舍较多,两个居民区共有 1075 户,居民 4846 人。居住在这两个居民区的家属所涉及的单位,仅有省级厅以及外省驻杭派出机构,包括商业厅、安徽驻杭办事处、省水电安装公司等 12 个单位。

据我们调查,这两个居民区共有符合市委规定的压缩城镇人口对象 338 人,占全居民总人数的 6.97%。这些对象中属于干部家属的有 216 人,占动员对象总数的 63.91%;职工家属 71 人,占对象总数的 21.01%;闲散居民 12 人,占对象总数的 3.55%;其他(如小商贩、保姆等)39 人,占对象总数的 11.54%。他们来自全国各地,由外省迁居本市的有 202 人,占对象总数的 59.76%,省内各县迁入的有 115 人,占对象总数的 34.02%。市内各县、镇迁入的有 20 人,占对象总数的 5.92%。

这些人员中,50 岁以下,15 岁以上,有劳动能力的有 107 人,占总数的 31.66%,50 岁以上 15 岁以下无劳动能力的有 221 人,占总数的 65.38%。动员后可以回农村的有 223 人,占压缩对象总数的 65.98%。其中 50 岁以下,15 岁以上,可以参加劳动的有 66 人,占回乡对象的 29.60%。可以回小城镇的有 103 人,占压缩对象总数的 30.47%。其中有劳动能力的有 33 人,占回城镇对象的 32.04%。闲散居民压缩后需要我们给予安排出路的有 22 人,占压缩对象总数的 6.51%。其中有劳动能力的 8 人,占闲散居民的 36.36%。

据初步排队,在压缩对象中,比较容易动员、开展行动较为方便的共 48 人,占压缩对象总数的 14.2%。这些人主要是:(1)没有牵累,1958 年以后迁

---

① 原文标题为《关于清泰街道办事处三益里城头巷两个居民区压缩城镇人口试点情况简报》。

入本市寄住在亲戚朋友家中待就业,本人又有劳动能力,而且目前在杭又没有出路的,只要一经动员马上可以回乡;(2)丈夫或子女已经到外地工作,本人又不是世居杭州的,这类人只要说明道理就可以动员其随丈夫、子女迁出;(3)在原籍有直系亲属和房屋等,已退职退休的年老体弱工人、职员家属,一向世居在农村,其子女、妻子均在农村而目前农村的情况又有所好转的,一般只要经过动员就可以回乡。但是也有很大一部分人比较难动员走,据调查共有290人,占压缩对象总数的85.80%,这些人难走的原因比较复杂,有思想问题也有实际问题,有被动员对象的问题,也被动员对象主人的问题,在被动员对象中的主要思想问题有以下几方面。

1.留恋城市生活,这类思想问题占绝大多数。(1)认为城市票子多,东西又便宜,粮食每月24斤笃定到手。在农村东西少,黑市多,钞票不顶用。特别是一些职工、干部家属,他们回乡以后,怕自己没有劳动力,定量标准低。九曲巷6号居民朱喜说:"我年纪也大了,回乡也没有用场,苦嘛苦煞,还是让我在这里蹲蹲①好。"又如三益里21号居民徐凤英说:"我家在巨州②那边生活很苦,这里蹲蹲蛮好,小孩也在读书,我是不回去。"(2)认为城市路多,农村死路一条,特别是来自小市镇的居民,四维里1号居民沈忆凡说:"我出生在市镇上,在杭州还好摆摊,回到农村要我做啥呢?"

2.留恋小家庭生活,不愿与丈夫分开,特别是1958年以后为照顾夫妻关系而迁入城市的人。城头巷31号居民高□珍说:"我是为了与丈夫住在一起而迁出来的,生活在一起有病也好照顾。"又如城头巷居民区居民王世凤说:"我嫁丈夫是为了吃丈夫,跟丈夫,如果早知这样我丈夫也不嫁了。"

除了上述思想问题以外,也有些是实际问题,主要有:(1)现在原籍没有人也没有房子,他们虽然思想上愿意回去,但是怕回去以后,房子找不到。佑圣观路182号居民说:"你们给我乡下房子找好,我马上就去。房子不找好,要我回去住到哪里去呢?"(2)路费有困难也要求政府帮忙解决。佑圣观路182号居民邬秀姐说:"我老早想回广东去了,但是没有路费,只要政府给我50元钱,我马上就走。"(3)孩子多、牵累大的人,他们顾虑到农村开支更大,说自己孩子多,回乡又不能参加劳动,而农村东西又比这里贵,两面要开支,钞票不够用。如城头巷31号居民王秀英说:"我家在江苏,丈夫在杭州,回去以后两面开支,

---

① 蹲蹲:方言,比喻待着或闲居。——编者注
② 巨州:衢州的简称。——编者注

钱哪里够用呢?"

有关职工和干部的思想问题也较多,他们主要怕家属回乡以后,在乡下无人照管,怕干部家属回乡粮食定量低,钞票勿经用,水利厅干部徐□林同志说:"职工干部家属回乡粮食定量很低,而且到处都是黑市,我们这里的钱带到乡下勿够用。"也有一些干部,他们担心自己的保姆被动员回乡以后,家里没有人管,所以要求留下保姆。还有少数干部、职工对党的这一措施认识不足,存在抵触情绪。温州化工厂驻杭办事处职工任泰观说:"宪法规定居民迁居自由,现在为啥要迁回去?"又说:"我们机构是1958年以后成立的,要么机构拆掉,大家回乡。"

由于存在以上问题,我们目前在动员中遇到的障碍很多,据第一次群众宣传动员以后的摸底情况,真正已表明态度愿意回乡的仅3人,占应该动员人数的0.89%,犹豫不决的45人,占应动员人数的13.31%,坚决不去的290人,占应动员人数的85.80%。他们用多种办法,争取不回农村,主要有求(要求)、找(找借口)、顶、避、威胁等办法。

1. 求,要求干部不要让他回农村,说:"我现在身体不大好,要求领导上不要让我回农村,宁可鱼票、糖票、肉票都不要,只要给我24斤米就够了,如果国家有困难,少一斤也可以。"

2. 找,千方百计找借口,不愿回去,有的说身体不好,有的说家里没有人等等。城头巷31号居民沈秋云(1958年以后自萧山来杭结婚)说:"我丈夫在杭州,'嫁出的女儿泼出的水',女儿出嫁以后,不好再回娘家的,这是老风俗,不能回去。"

3. 顶,与居民干部硬顶,坚决不愿意回去。九曲巷18号居民蒋彩英说:"我要回去早回去了,我不回去随便你们开多少会,死也不回去。"

4. 避,有的知道要回农村以后,动员工作一开始,看见干部就避而远之,会也不敢来参加,有的清早,把门锁上,抱了孩子到外面去避风。城头巷40号居民赵茶花(1958年以后迁入),原在杭摆摊修鞋,听了报告以后,拿了粮食到萧山去避风了。

5. 威胁,少数居民用威胁和丈夫离婚的办法。如城头巷31号居民刘宗燕说:"要我回乡,我就与丈夫离婚,五个孩子我领一个回去,其余都□别人家。"

在居民干部中,绝大部分是拥护党的这一措施的,但也存在不少问题,主要是:

1. 干部本身有亲属是动员对象的,他们积极性不高,顾虑重重。如三益里居民区卫生主任的一个媳妇是被动员对象,他在学习了政策以后,到处探问自己的媳妇是否可以不回去。

2.存在畏难情绪，怕这一工作难做，特别害怕去集体单位宿舍做工作，说："集体单位宿舍的家属，平时要他们搞卫生也要骂，现在要他们回乡，打也要打。"

3.少数干部，特别是年龄较大、思想严重的干部，有情面观点，说："人家两夫妻蛮好在一起，现在要给拆开，难是难的。"居民干部胡鸿才说："嫁丈夫，跟丈夫，现在要把他们拆开来是不大好弄的。"

通过这两天的调查，不论在被动员对象的数量上，还是在实际工作中，我们都深刻体会到要与有关单位密切配合，这是一个十分重要的问题。为了争取各有关单位的支持，我们曾召开了这两个居民区有关单位的领导同志会议，据了解，绝大部分单位比较重视，有的已安排了计划，有的已进行了教育，但是也有少数单位对中央的这一指示重视不够，如商业厅人事处，我们通知他们开会，他们拒绝说："这是总务部门的事情。"结果没有来参加会议。

按上述有关规定，户、粮关系在居民区的，应由居民区动员，但是根据居民干部的反映和我们在这几天工作实践中体会到的，在居住集中的家庭宿舍，这些人平时很少参加活动，完全交给居民区动员是有困难的。为了共同完成压缩城镇人口的任务，希望各有关单位安排一定力量，认真做好这一工作，内外结合，保证任务的完成。

在工作中碰到的几个政治问题：

1.地方武装，如民警总队的一般军人、炊事员，是否可以按照随军家属处理，予以照顾。

2.按规定，动员起来的城镇闲散劳动力，可安排到城区办的农场去劳动，但是目前城区农场劳动力已够，这些人动员后的出路怎样安排。

3.我们了解到，安徽驻杭办事处目前还雇用着一批家属临时工，每天工资最多有5元，而这些人的丈夫早已调出本市，又系1959年以后迁入的动员对象。因此要求领导立即通知停止使用，否则就无法动员。

4.省安装公司有一批从东北动员来浙江支援重点建设的工人家庭，来浙江安家落户，据说省工交党委曾有指示，这类人可以不予动员，到底如何处理。

5.一贯随丈夫迁移的革命干部家属，本人从小就离开原籍，而迁居的地方很多，目前丈夫仍在杭工作的是否可不予动员。

上城区压缩城镇人口领导小组
1962年3月26日
【由杭州市上城区档案馆提供】

杭州市人委关于加强和增设市区街道办事处的通知^①

办字 291 号

各区人委：

　　本市市区街道办事处自 1954 年建立以来，对于密切政府和人民群众的联系，贯彻政府各项工作任务与政策法令，起到了良好的作用。现在，为了适应几年来城市建设和各项事业的发展情况，以及满足进一步加强城区基层工作的需要，对各区原有街道办事处的机构须加以充实，少数街道办事处的管辖区域须适当调整，西湖区各居民集中居住地区亦需要新设若干街道办事处。现将各区街道办事处的设置通知如下：

　　上城区设定安路、城站、花牌楼、金钱巷、马市街、岳王路等 6 个街道办事处。

　　下城区设武林路、长庆街、天水桥、潮鸣寺、横河桥、艮山门等 6 个街道办事处。

　　西湖区设南山、北山、西溪等 3 个街道办事处。西溪街道办事处的管辖范围包括现浙大公社、杭大公社、工学院公社地区。

　　江干区设南星桥、望江、海潮、闸口等 4 个街道办事处。

　　拱墅区设拱宸桥、大关、茶亭庙、米市巷等 4 个街道办事处。

　　以上通知，希遵照执行。

1962 年 5 月 28 日
【由杭州市档案馆提供】

---

　　①　原文标题为《市人委关于加强和增设市区街道办事处的通知》。

长沙市街道办事处多方安排各类人员①

　　长沙市清水塘炮队坪街道办事处,从去年以来,对一部分未升学的青年学生、退职回家的职工和一般居民,根据他们的年龄、性别、体力、专长、家庭情况等不同条件,妥善安排了他们的工作和生活。对一部分身强力壮,没有家庭拖累,或者在农村有家和亲友而愿意参加农业生产的,组织他们下乡安家落户。对一些进厂矿企业工作时间不长,年龄较大,身体较弱,家庭负担较重,自动要求退职回家的职工,根据本人的技术特长,安排他们从事修理锁头、钢笔、车辆和缝纫等工作。组织一部分劳力替砂石公司挑砂子、采孵石和修路,搞零散运输等。为了加强对这一部分人的调配管理,这个办事处成立了社会福利临时工作队调配处,对外承包工作和统一调配劳动力,并将全部人员按居住街道和年龄、体力等条件,编了 7 个临时工作队,有工集中做工,无工各自回家,满足了一些社会小型福利事业对于劳动力的需要。对一部分街道居民和职工家属,由于她们具有一定的劳动能力,但大都子女多,有日常家务需要料理,不宜出外参加工作,就帮助她们利用处理家务的余闲,搞些家庭副业,增加家庭经济收入。例如,组织她们从事缝补拆洗,利用边角料装订成册等劳动。

【选自《劳动》　作者胡亦军　1962 年第 11 期】

---

　　①　原文标题为《街道办事处多方安排各类人员》。

杭州市上城区关于被精简人员回居民区后的安排情况和失学青年的思想情况报告^①

据调查,截至6月底,全区共有无职无业、失学的社会闲散人员6779人。其中,由机关团体、企事业单位精简回来的4314人,失学的青壮年1637人(16岁以上的),支农支边疆回来的275人,清洗回家的209人,劳改释放的105人,一贯无业的239人。现将被精简人员的安排情况和失学青壮年的思想情况分述如下。

一、被精简人员的安排情况

在被精简的4314人中,家庭平均生活水平在10元以下、需要我们安排的有830人,占被精简人员的19.24%,其中已基本安排落实的有593人,占应安排人数的71.45%,尚有237人尚未安排,占应安排人数的28.55%。已安排人员的情况是这样的:

1.对年轻又具有一定劳动能力,同时非家庭主要生活来源者,以及一部分子女不多,精简回来后没有经济来源,但有劳动力的,安排入社插队,这种情况的有29人,只待嘉兴联系好就可去。

2.具有一定手工艺术技能,如竹、木、铁,过去也从事个体经营,仍然安排做个体手工业,这种情况的有8人。

3.对家庭多子女的女工,生活依靠其丈夫或子女收入,但又缺乏技术,从事其他重体力劳动也不可能的,根据这些人的实际情况,安排削棒冰棒、拣废纱、拆纱头、糊纸盒等家庭副业的有114人。

4.对于劳动力强、体力好,而且是家庭生活主要依靠者,安排拉钢丝车,这种情况的有61人。

5.对家庭生活水平一般在8至9元,需要有固定收入弥补一部分家庭经济之不足,安排卖棒冰和做其他小商贩的有61人。

---

① 原文标题为《关于被精简人员回居民区后的安排情况和失学青年的思想情况》。

6.鉴于目前部分服务性行业仍不能满足需要,而这些行业的人员收入又过高,根据便利消费和回厂吃稀的精神,安排他们去服务行业培训洗、烫、修鞋、擦皮鞋等服务人员,这种情况的有35人。经过一段时间学习,掌握技术后,发证由他们自行设摊。

7.就近进行厂外、店外加工,包括糊纸袋、装订、包装、拣废品等等,搞些非固定性收入,计有135人。

8.逐步缩小到外地加工,积极安排本区加工,如王星记扇面,过去一向发到南京加工,现在已经组织了精简回到区里的70人,先进行培训,然后拟逐步发展到200人,达到基本上不向外发料加工的目标。

9.顶替来自农村的保姆,安排去做保姆的有22人。

10.安排去居民食堂,个人开业行医,私人教书的有8人。

对尚未安排的237人的打算:

(1)安排挑土方的30人;(2)安排抬炉的20人;(3)安排厂外加工绣花、缝手套头的20人;(4)对有手工技术,安排个体经营的10人;(5)安排糊纸盒等家庭副业的30人;(6)选择一部分年轻的,男性人员,安排培养竹工学徒的15人;(7)需要做家庭副业生产等安排112人。

上半年被精简的人员除小部分外,基本都能安置好,但是仍有部分人家庭平均生活水平在10元以下,我们估计下半年精简人员的安排任务更为艰巨,总的是需要安排的人员增多,而安排的出路相对减少。

1.下半年除全民所有制需要继续精简人员外,集体所有制人员也要进行调整,特别是原来作为安排出路的社办工厂,也要进行整编,社办工厂共有1550人,除少数转为手工业社外,约有1300人要回到社会上来。仅这项就要增加社会无业人员1300人。

2.企事业单位应精简回农村的人员在上半年都精简了,下半年精简的人将极大部分是世居城市的人,除少数可作移民插队安排外,极大部分都需要在城市里安排,更加重了安排的压力。

3.安排的出路不多。按照现有的几条出路,完成上半年的安排任务已非常困难,如无新的出路安排,下半年的安排就更困难。

二、关于失学青少年的情况

据调查,本区新未考取中学的学生计1921人(其中小学毕业考不取初中的1500人,初中毕业考不取高中的421人)。根据今年中小学的情况,小学毕业生有 5000 人,而初中只能招 37 个班(包括民办招本区学生 5 个班)1848 人,即有 3152 人不能升初中;初中毕业生 1709 人(本区所属初中 592 人),按省教育厅分配给杭州市的招生比例约 45.9% 计算,可升高中的 784 人,不能升高中的 925 人;现有适龄儿童 7700 人,若小学毕业多少招多少,可入学的有 5000 人,计划公立学校中再增加 21 个班级(有待批准),还可解决 1000 人左右,还有约 1700 人不能入学(其中有一部分是有生理缺陷或家长不同意今年入学的)。三项合计今年不能入学的有 6619 人,再加上去年未考取学校的 1921 人,今年共计有失学青少年 8540 人。[①]

根据我们在小营巷居民区了解到的情况,失学青少年中,大部分人等闲在家,东游西荡,一部分人做做临时工或帮助理理家务,少数人埋头读书,等待今年的升学考试。这些人中,对形势认识较清楚、思想较进步、在家表现较好、一般能响应党的号召的约占 11.3%;对形势认识不够清楚、思想动摇、情绪消沉,有时有牢骚怪话、埋怨情绪、表现一般的约占 62.2%;对形势认识模糊,对党的方针政策带有严重抵触情绪,经受不了困难的考验,甚至不择手段发展到违法乱纪的约占 26.5%。他们的主要表现是:

1. 情绪消沉,对前途悲观失望。他们在家吃吃睡睡,游游荡荡,生活无聊,牢骚怪话。有的说:"国家前途万丈光芒,个人前途暗淡无光;看了国家皆大欢喜,看了自己眼泪鼻涕。"有些高中毕业未考取大学的人表现悲观,他们说:"我十二年寒窗攻读,结果考取了'交通大学马路系'(主要是指荡荡马路),家庭大学烧饭系(在家里帮助搞搞家务),杭州大学屋里系(住在家里没有工作)。我去年看了不少休养方面的书,就是不能解决实际问题,真是吃白饭,读白书。"还有的由于对当前困难的严重性和大调整的方针认识不清,看问题只从个人角度出发,对形势不满,他们说:"当前形势大好,老年人在工作,青年人在烧饭。"或说:"过去儿子养老子,现在是老子养儿子。"但也有少数把国家暂时性的困难估计得过于严重,甚至认为是不可克服的了。如有的说:"过去是赶英超美轰轰烈烈,现在是不可能了。"或说:"现在的困难国家也没有底,什么时候再来个大跃进呢?""失业人员多了要造反的。"

2. 对参加农业生产缺乏正确认识。从小营巷居民区青少年的情况来看,有 50% 以上的青年不愿参加农业生产。他们主要有五怕:一怕参加农业生产

---

① 原文按:(1)此数不包括失学的大学、高中生,因为部门没有掌握这一情况,如全面调查时间上来不及;(2)此数超过社会闲散总人数是因为 16 岁以下失学学生没有劳动力不算闲散人员。

没有前途，以后又不准回来考学校、找工作；二怕脏、累、苦，怕搞坏身体；三怕工资少，养不活父母，饱不了肚皮；四怕丢面子，找不到爱人；五怕远离家乡，照顾不了父母，或得不到父母照顾。

3.违法乱纪，道德败坏。这些人虽为数不多，但问题严重。他们的活动，有的是贩卖票证、香烟，有的是偷盗，有的是乱搞男女关系。如马新巷 27 号 14 岁少年范义宪和其他几个少年一起组成偷窃学生团，以拍手"唱歌"为暗号，经常破门越窗，无所不偷，或在公共场所扒皮夹。刚满 18 岁的女青年黄阿兴，乱谈恋爱，找了一个对象，骗了 120 多元做了几件毛质衣服，又去另找他人了。

基于上述问题的存在和今年失学青年增多的情况，首先，要加强对青少年的思想教育，除共青团应将这项工作作为一项经常任务外，其他行政部门，如妇联、文教和公安、劳动部门也要经常研究他们的情况，采取一些必要的措施；其次，要办好青少年补习学校和自学小组，组织他们参加有益的集体活动；最后，妇联要教育妇女把管好自己的孩子作为自己的光荣职责，或动员自己的孩子参加农业生产。这样，才能不致使青年感到生活无聊或被坏人引诱走上错误道路。

中共杭州市上城区委办公室

【由杭州市上城区档案馆提供】

重庆市关于培训居民委员会工作的总结报告①

为了提高居民委员会成员的政治觉悟、政策业务水平和工作能力,从而在各项工作中正确贯彻党和政府的政策、法令,更好地搞好街道居民工作,今年1月至5月,我们对全市761个居民委员会的7314个委员(其中正、副主任委员2013人,委员5301人)分期分批进行了一次培训。

在培训的做法上,各区都根据市的要求,结合本地具体情况,采取集中与分散相结合的方法,一般由区集中培训居民委员会的正、副主任委员,街道集中培训一般委员。市中区在集中培训正、副主任委员时,各街道工作组还指派专人听课,作为街道培训一般委员时的"教师"和辅导员,具体做法是,集中讲课、分散讨论。市中区由于地区集中,交通方便,区里每上完一课,街道即向一般委员上一次课,然后按居住情况分组,由辅导员掌握讨论。北碚区由于地区分散,则集中全区居民委员会正、副主任委员到区,以三天时间一次培训完毕,然后再回去培训一般委员。有的则是由区集中全区居民委员会正、副主任委员进行动员,再由街道集中培训正、副主任委员,以公社的分社为单位培训一般委员。一般都边学边用,学了就用,适应了居民委员的实际需要,通过培训,主要取得了以下几点收获:

第一,提高了居民委员会的觉悟,进一步调动了他们的工作积极性。通过培训,广大居民委员认识到当前大好形势和居民工作的重要意义,以及为群众办事很光荣,不少过去不安心居民工作的,都表示今后一定要安心做好居民工作,真正起到政府与人民群众之间的桥梁作用。江北区米亭子办事处原有80%的居民委员不愿工作,现在绝大部分都安心工作了;北碚区黄桷办事处居民委员会主任委员翁文德,在去年居民委员会改选后写过两次假条请假不干,通过这次学习,有了转变,表示说:"这次回去一定撤回假条,坚决干下去。"

第二,提高了居民委员的政策业务水平和工作能力。近几年来,由于变动较大,不少居民委员会都是新选出来的,对有关方针政策不够了解,认识也比

---

①　原文标题为《关于培训居民委员会工作的总结报告》。

较模糊,在工作中往往发生偏差。通过培训,居民委员的政策业务水平提高了,他们反映"懂得了方针、政策,增加了工作本钱",因而比较正确地贯彻了政策,推动了居民工作。如市中区居民委员学习了有关社会救济工作的政策后,南纪门15段居民委员会的委员即组织力量对该段救济工作进行检查,逐户访问了救济户,发现和及时纠正了过去"不应该救济的救济了,应该救济的又未救济"的偏向,并把段上有劳动能力的15个困难户组织起来参加了地段劳动生产,解决了他们的生活困难。江北区米亭子7段的居民委员会,在学习了优抚政策以后,即主动发动群众为段上5户烈军属和缺乏劳动力的复员军人挑水、买米,与商店联系送货上门,烈军属受到了很大鼓舞和安慰,他们反映说:"政府对我们太关心了,我们一定要写信给部队里的亲人,要他不担心家里,安心学习本领,保卫国防。"

第三,改进了工作方法和工作作风,进一步密切了居民委员会与群众之间的关系。过去不少居民委员在工作中积极性很高,但由于缺乏群众路线的工作方法,结果往往费劲大,效果差。通过这次培训,一般都认识到,要搞好居民工作,居民委员不仅在工作中要积极热情,而且还要做到有事和大家商量,虚心听取群众意见,充分依靠群众,这样才能收到好的效果。很多居民委员会的主任委员在学习后都改变了过去在工作中单干和包办代替的工作作风,有事主动和委员们共同研究,既搞好了工作,又加强了团结。许多委员在学习后,更加热心地帮助群众,为他们解决困难,进一步密切了干部和群众之间的关系。如市中区七星岗12段居民委员会主任委员罗光福,过去对群众态度不好,动辄"刮胡子",群众找上门还不大理睬,学习后,认识到自己被群众选出来是为大家办事情,不应该"官僚",现在主动了解困难户情况,并及时帮助、安排。困难户陈光明,过去只是作为临时救济对象,没有从安排生产上去帮助他解决安排好生活,这次罗光福深入群众访问,了解了陈的实际情况,主动安排陈照看水站,陈反映说:"过去有问题不敢反映,怕刮胡子,说我依赖,现在不反映,主动来解决我的问题,每月收入10元,我的生活安定了。"

这次培训工作能收到较好的效果,主要由于:

第一,各级党政领导的重视。在市的统一部署下,各区都将培训工作列为当前一项重要任务,并结合本区具体情况,研究、制订了培训工作计划,报请党委做了统一安排。为了加强对培训工作的领导,市中、北培等区并由区人委办公室、有关科及公安局、法院、妇联等单位负责人组成了居民委员会培训领导小组,由区长担任组长,对全区培训工作计划、培训方法、讲课分工、教材以及培训经费等问题都做了专门研究。在培训期间,北培区区长还亲自领导了这一工作。各街道办事处城市公社一般也都根据区的计划要求,结合本地区具体情况,制订了培训工作计划,指定了专人负责培训工作。由于各级党政领导对培训工作的重视,培训工作的具体领导加强了,因而保证了培训工作的顺利完成。

第二,加强了与有关单位的联系配合。由于街道工作业务范围较广,涉及面宽,我们事先联系有关部门编写了讲课教材。这些教材由于是由各业务部门编写,一般都既讲政策,也讲工作方法,既有理论,也有案例说明。同时一般又都由各业务部门负责人讲课,因而又能深入浅出、生动活泼,适应于一般居民委员会的水平。在座谈讨论时,又有专门力量辅导,不少委员反映:"这回学习,学得了不少本领。"

第三,加强了培训工作的督促检查,及时交流了经验,在培训工作中,除市里抽调干部重点深入了解情况、督促检查并以简报方式交流经验外,市中、江北、九龙坡等区也组织了力量深入街道和地段了解情况,及时发现和解决问题,并参加地段讨论进行具体指导。江北区召开了座谈会,搜集学习的反映和意见,及时改进了工作。有的区还采取了边学习边测验的办法,及时检查培训质量。这样从市到区逐级加强对此项工作的督促检查,及时交流经验,对培训工作起到较大的推动作用。

这次培训工作虽然取得了一定成绩,但就整个工作来说,还存在一些问题和缺点。主要是个别区在培训工作时间步骤的安排上,事先缺乏与有关单位的联系配合,在时间上常常发生冲突,因此延长了培训时间;有的区在培训工作开展后,经常性的督促检查和具体指导不够,形成自流现象;等等。这些在一定程度上影响了培训效果。

为了进一步巩固学习成绩,更好地搞好街道居民工作,建议各区、县在前一阶段培训的基础上注意组织居民委员会的经常学习,并逐渐形成制度,以不断提高居民委员会的政治思想和政策业务水平。

1962 年 7 月 21 日

杭州市清波分社关于当前居民区粮票被窃等情况的报告①

区人委分社党委：

目前我街道各居民区粮票被窃、遗失、卖掉等情况有所增加。在情况比较突出的 24 户中，有被窃粮票的 8 户，621 斤；遗失粮票的 6 户，389 斤；卖了吃掉的 8 户，427 斤；因偷破损的 1 户，46 斤；因借粮票要还的 1 户，124 斤。合计1607 斤。在 14 户被窃遗失户中，得到补助的有 2 户，120 斤。

这些缺粮甚至已完全无粮的居户中，有各种不同的思想反映。有的家庭因粮票遗失被窃而相互埋怨、争吵，甚至寻死寻活。如加木里 5 号居民郭香伦在看病时不慎被偷去粮票 60 斤，据其实际情况，我们出了证明，但粮站未补，仅允许其提前购粮。因此儿子和娘争执，干部讲，她要去井里寻死寻活，甚至骂干部。卖光吃光的一般表现态度恶劣，挺出算数②，认为政府总不会饿死人。叭蜡子巷 4 号救济户徐春生 6 月份把粮票全部卖掉，连家具、铺盖也卖光，说："吃光用光，死了算数，我不是陈□尧（长期救济户），死了东西都给办事处刮去，我死了随他小葬也好，大葬也好。"由农场退回的青年顾阿奎过了今天，不管明天，靠卖粮票生活，至今 5、6 月份粮票已无 1 斤。这些社会青年虽无工作，但好吃懒做，也难以安排。居民区贩卖粮票的虽比较多，但因进行得隐蔽，不易发现。有的居民虽不贩卖粮票，只是在经济困难时卖几斤，造成缺粮，但他们知道卖粮票是违法的行为，也不敢讲出来。

粮食经常不够的居户，以无业居民、手艺人、小贩居多，这些人的生活习惯是做多少，吃多少，今天吃过，明天再挣，不知节约、安排。

对上述这些人我们主要是进行教育，至于个别一贯多吃的人，则由小组长或食堂帮助掌握。但有些人经教育后仍不改正，并一再要求解决，给我们的工作增加了不少困难。

粮票被窃遗失的居民中，虽有捏造情况的，但多数属实。这些人有的靠买

---

① 原文标题为《当前居民区粮票被窃等情况报告》。

② 挺出算数：杭州方言，相当于"破罐子破摔"。——编者注

黑市粮票,有的靠青菜、豆儿生活。红门局 2 号居民裘志良,全家 7 人,上月卖米时,被窃粮票 135 斤,虽以大量青菜、豆儿补充,目前尚缺半月粮食。清波街 31 号居民姚振东 5 月中旬遗失粮票 30 斤,他说:"大人可以买豆儿吃,但吃奶孩子要吃荷花糕,不能吃豆儿。"他要求解决粮食问题。这些确是实际情况,发展下去也可能造成不良后果,请上级研究解决。

为更好地解决这些问题,我们建议能否像上海一样,用购粮存折而不用粮票。

杭州市上城人民公社清波分社管理委员会

1962 年 8 月 9 日

【由杭州市上城区档案馆提供】

杭州市上城区人委关于在居民区内
安排一批补助粮的意见^①

　　接市粮食局"杭粮〔1962〕购字第 1338 号"函称,为了认真安排好居民群众的生活,在目前粮食供应比较紧张的情况下,除了进一步贯彻计划用粮、节约用粮、制止投机贩卖外,对部分严重缺粮的居民,给予适当的补助,市粮食局在 9 月份拨给本区补助粮 1.5 万斤,我们的分配办法是按户数进行分配,具体附表。对于这笔粮票同上期结存的部分,各街办除了可以适当留下少数作为机动粮外,其余请迅速安排下去。

　　这次补贴的主要对象是:已经改为居民定量的精简退职回家的职工和未升学的学生,以及其他劳动较重、用粮确有困难的居民,无固定经济收入、瓜菜代确有困难者,以及少数粮票确实遗失,一时无法解决的居民,进行适当补助。

　　具体方法:可由各居民委员一级的干部,摸清情况登记造册,提出意见,上报街道办事处,由街办同志会同派出所民警和粮站有关同志进行研究,然后由街办主任批准,再由居民干部主动上门帮助解决。

　　附各街道办事处的三点要求:

　　1.通过这次补助,教育居民群众,在国家困难的情况下,能拿出粮食来进行补贴,这是党和政府对我们的关怀,要进一步树立低标准、瓜菜代、计划用粮、节约用粮的好风气,同时,要防止大家都叫缺粮,出现副作用。

　　2.各街道办事处对这些粮食要专粮专用,任何单位和个人不得借职务和工作的便利,任意占用,但是不要采取简单的方法,如平均摊派、普降细雨和用完了事。

　　3.各街道办事处在本月底以前,请将补助的对象、户数、斤数和方法,以及居民的好坏反映、今后意见等用书面形式向市粮食局汇报,由区粮食局汇总报送市粮食局。

---

　　①　原文标题为《关于在居民区内安排一批补助粮的意见》。

居民补贴粮分配表

单位	户数/户	人数/人	分配数/斤	上月结存数/斤
涌金分社	8541	35245	2820	2798
清泰分社	8393	34762	2770	5973
湖滨分社	7575	31812	2500	10
小营分社	6693	27565	2210	3540
城站分社	5384	22671	1980	6744
清波分社	8797	23238	2920	3484
合计	45383	175293	15200	22549

上城区人委

1962 年 9 月 18 日

【由杭州市上城区档案馆提供】

杭州市城站街道办事处关于
整顿居民委员会组织的报告[①]

上站字第 57 号

上城区人委:

几年以来,形势有了很大发展,各居民区也随着它起了变化,出现居民区小、人数少、干部不齐的情况,不能适应当前形势的需要。为了更好地做好居民工作,我街道对居民组织进行了整顿,将原有的几个居民区合并,现将具体情况报告如下:

1. 城站路 166 户,福元巷 427 户,合并成 593 户,取名为福元巷居民委员会。

2. 许衙巷 235 户,清太街 252 户,合并成 487 户,取名为清太街居民委员会。

3. 金刚寺巷 339 户,郭东园巷 271 户,合并成 610 户,取名为金刚寺巷居民委员会。

4. 其余几个居民委员会不动。

以上合并是否妥当,请上级核准批复。

上城区城站街道办事处
1962 年 10 月 13 日

拟办和批示:

呈江区专阅。接报告后,我已与处、所联系,他们是共同研究的,意见是一致的,主要的理由是合并后便于管理,居民干部问题容易解决,同时,同一个民警管 600 户的要求也相符。但依我看:(1)不并,居民区的大小的确相差很大,大的四五百户,小的只有百余户;但并了,有些居民区就大了一些(如金刚寺巷已超过 600 户);(2)并了以后,居民区的地区范围扩大,给群众带来不便;(3)地区扩大,户数人数增多,居民干部在管理上也会产生一定困难。因此我的意见为暂时不动,当否请示。

何永英
1962 年 10 月 17 日

---

① 原文标题为《整顿居民委员会组织的报告》。

会议上已讲暂不更改，故原件退回。

江新发

【由杭州市上城区档案馆提供】

杭州市粮食局关于十月份在
居民区安排一批补助粮的函①

杭粮〔1962〕购字第 1630 号

各区人民委员会：

　　第四季度我们继续拨出成品粮 16.5 万斤〔分区是：上城、下城各 4.2 万斤，江干(包括笕桥)、拱墅各 3 万斤，西湖 2.1 万斤〕，请你们安排给所属街道办事处具体掌握，并请民政部门协助，专门补助给口粮不足的居民使用。

　　以前的居民补助粮使用情况，大部分区没有告诉我们，致使我们不能及时向市领导汇报，务请你们督促有关部门，在本月 25 日前将使用情况告诉我们。这批补助粮，请在每月用后 15 日内将使用情况告诉我们。

杭州市粮食局

1962 年 10 月 18 日

【由杭州市上城区档案馆提供】

---

　　①　原文标题为《关于十月份在居民区安排一批补助粮的函》。

杭州市民政局关于试行《杭州市盲人聋哑人残缺者福利生产暂行规定(草案)》的通知①

社陈字〔1962〕第 1529 号

各区民政科(局)、市、区属聋盲福利工厂:

 兹发去《杭州市盲人聋哑人残缺者福利生产暂行规定(草案)》一份,请试行。在试行中,希随时注意遇到的问题,并加以研究,提出意见,及时报给我们,以便进一步修正。

 附件:如文

杭州市民政局

1952 年 11 月 12 日

杭州市盲人聋哑人残缺者福利生产暂行规定(草案)

(一)总则

 第一条 为了进一步办好盲人、聋哑人、残缺者福利生产(以下简称盲聋残缺者福利生产),不断提高盲人、聋哑人、残缺者的思想觉悟、生产技术、文化知识和逐步改善物质生活,使盲聋残缺者成为残而不废,有觉悟、有技术、有文化的社会主义劳动者,根据中华人民共和国内务部及浙江省民政厅开展盲聋福利生产工作的指示精神,结合本市实际情况,制定本暂行规定。

 第二条 盲聋残缺者福利生产是一项社会福利性质的生产,其受市、区民政部门的直接领导;生产资金由民政部门投资。其他社会福利生产单位转为盲聋残缺者福利生产的,如有私人投资应予归还,固定资产折价偿还,确系自愿赠与者,可以接受。

 第三条 盲聋残缺者福利生产单位,对民政部门交给的固定资产和流动资金负全部责任,未经民政部门批准,不能变卖、转让或移作他用,按照批准的

---

① 原文标题为《杭州市盲人聋哑人残缺者福利生产暂行规定(草案)》。

计划进行生产;并根据上级有关部门规定,有权使用民政部门交给的固定和流动资金;同别的企业订立经济合同;使用福利基金。

第四条　组织盲聋残缺者福利生产的目的,是为盲聋残缺者创造劳动条件,使其自食其力;办好盲聋残缺者福利事业,有助于增加社会财富。组织对象,主要是没有正当职业的盲人、聋哑人和在其他部门就业有困难的残缺者;也可以吸收一部分在生产和福利上必不可少的健全人。吸收盲聋残缺者须经市、区民政部门批准,吸收健全人须经劳动部门批准。

第五条　应该贯彻为农业生产服务、为人民生活服务、为工业建设服务的方针。开始时,组织粗工易学的手工业;随着生产的发展和盲聋残缺者技术水平的提高,逐步向半机械化、机械化发展。

第六条　应该贯彻生产和福利相结合、生产和教育相结合、生产和防治相结合、生产和改善文娱生活相结合的原则。在生产发展的基础上,认真做好生活福利,体现党和国家对盲人、聋哑人、残缺者的关怀。

(二)关于经营管理

第七条　必须发扬民主,贯彻执行群众路线;把集中领导和开展群众运动正确地结合起来;必须吸收盲聋残缺者和健全工人参加企业管理;职员定期参加劳动;建立职工代表大会制度,一切重大问题都要经过职工代表大会或全体职工讨论,并依靠职工群众的积极性去贯彻执行。

第八条　必须坚持勤俭办厂、勤俭办一切事业的方针。严格实行生产单位、车间或小组的经济核算;加强财务管理,发扬因陋就简、精打细算的优良作风;节约一切非生产开支,管理人员和服务人员占职工总数的 8% 左右,该比例最高不超过 10%;不断开展增产节约运动,力求企业自给有余。

第九条　必须遵守国家经济政策和财政制度,服从工商管理,爱护公共财物,同贪污、浪费、盗窃国家财产和一切违反国家经济政策和财政制度的行为作斗争。

第十条　必须建立和健全生产责任制度、定额管理制度、产品检验制度和原材料领发保管等制度。切实注意产品质量,出厂产品必须符合规格;不断降低产品成本。

第十一条　盲聋残福利生产应尽量争取纳入市、区计划,请有关部门给予大力支持,并加强生产指导;生产单位也可以自行采购原材料,采购进入集市贸易的物资时,必须服从市场管理;生产单位应该自力更生解决原材料困难,尽量利用废品废料和进行加工性生产,并尽可能争取和工厂企业订立稳定的加工合同。

第十二条　盲聋残福利生产的产品必须服从国家统一调拨,或者同商业部门订立供销合同。不属于国家统一调度的和商业部门产销合同以外的产品,也可以自产自销。

第十三条　产品价格,有国营牌价的必须按照国营牌价,无国营牌价的按照同行牌价,无同行议价和零星加工业务的,可以由主顾双方自行议价。

第十四条　产品必须适合盲聋残缺者的特点和国家需要,实行多种经营综合利用,以保证生产的正常进行,但盲聋残缺者受生理上缺陷的限制,学习技术不容易,经营的生产,力求不变或少变。

第十五条　必须采取领导和群众相结合的办法,按年按季(分月)编制生产计划,报民政部门批准,计划一般应包括:(1)产品的品种、规格、质量、数量;(2)设备维修;(3)劳动、工资;(4)物资供应;(5)运输;(6)成本;(7)财务。计划要求积极落实,留有余地,并提出有效措施保证完成。

第十六条　在劳动组织和工序安排上,盲聋残缺者和健全人要合理搭配,做到人尽其才,各尽所用。健全人负责对盲聋残缺者的生产进行指导和帮助,盲聋残缺者要虚心学习,尊重师傅教导;工人要严格遵守操作规程和安全制度;企业要逐步改善劳动保护设施,切实避免工伤事故,并积极开展适合盲聋残特点的技术革新和技术革命活动,改善劳动条件,提高劳动生产率,降低劳动强度。

(三)关于收益分配

第十七条　收益分配应该有利于调动企业经营和职工的生产积极性,促进盲聋残缺者福利事业的发展,把国家、集体、个人三方面的利益紧密地结合起来。国家税收方面,应根据规定缴纳工商统一税,免征工商所得税,如经营上有困难可以申请减免。纯利润的分配:

(1)15%～25%留厂用于集体福利,由市、区民政部门根据各厂具体情况核定;

(2)3%上交市盲人聋哑人协会,作为全市盲聋残缺福利事业活动经费;

(3)72%～82%上交民政部门统一调度,作为盲聋残缺者和其他社会福利生产扩大再生产以及举办盲聋残缺者福利事业的基金。

第十八条　需要下列费用时,向民政部门申请拨款:

(4)扩大再生产的流动资金;

(5)修建厂房、购置机器等基本建设资金及大修理费用;

(6)试制新产品、开展技术革新、购置零星固定资产及劳动保护安全设施等所需费用。

第十九条　留厂福利费用于:

(1)弥补困难职工的生活补助;

(2)弥补职工疾病医疗补助;

(3)食堂、托儿所、医务室、业余学校、文体活动等集体福利费用;

(4)生产上需要的肥皂、免费浴票、防暑降温以及必需的营养补助等。

(四)关于工资、奖励、生活福利

第二十条　工资、奖励制度必须贯彻按劳分配的原则,反对平均主义,健全人和盲聋残缺者同工同酬,应根据本暂行规定第六条"四结合"的原则去做。

1. 职工生活福利费来源:

(1)生活补助,工资总额的 3%～5%;

(2)医药补助,工资总额的 5%～7%;

(3)留厂福利费,利润总额的 15%～25%;

(4)不足时,由民政部门补助。

2. 生活有困难的职工,发给生活补助费,必须经过群众讨论和领导批准,10 元以下由厂批准,10 元以上和定期补助报民政部门批准。

3. 医药补助条件和标准

(1)职工因工负伤,由厂负责治疗,直到恢复健康或医治终了。在治疗期间,全部费用由厂负担,工资照发,住院伙食费自理。如因医疗上需要必须增加营养,因而发生生活困难的,可给予生活补助。

(2)职工疾病或非因工负伤,在本厂医务室和特约医院治疗,医疗费和住院费由厂负担,挂号费、伙食费、就医路费自理;如果未经本厂医务室或特约医院同意,自行至其他医院治疗或购买贵重药品,其费用应由本人自理。病假工资,3 个月以内发本人工资的 60%～80%,6 个月以内发 50%～70%,病假在 6 个月以上者工资停发。生活发生困难时,给予生活补助。经济条件较好的厂,可以略高于上述标准,经济条件较差的,也可以略低于上述标准。

(3)女职工生育,产前检查和分娩的费用按职工疾病医疗处理,婴儿费自理。产前产后给假 56 天,小产难产,假期由医生决定。产假期间工资照发。如果产假期满后,仍不能工作,经医师证明,按病假处理。

(4)职工因无理殴斗或酗酒致伤,或因道德败坏而致病者,都不得享受医药补助。

(5)职工因工死亡,发给丧葬费 80～150 元,发给本人 3 至 6 个月工资作为直系家属的生活补助;职工疾病或非因工死亡,发给丧葬费 40～80 元,发给本人 1 至 3 个月工资作为直系家属的生活补助。

4.根据需要和可能,本着节约原则,建立职工食堂或托儿所、哺乳室;有条件的厂还可以建立浴室、理发室,向职工收回成本,确因生产上需要可发给免费浴票。

5.认真办好政治、文化、技术业余学校,应该有专职或兼职的聋盲老师,学习时间必须给以保证。

6.积极开展适合盲聋残缺者特点的说唱、合奏、哑剧、舞蹈、棋类、田径、球类、划船、郊游等各种文娱体育活动,有条件的单位还可以定期放映电影或组织集体看戏、听书等,以提高盲聋残缺者的集体主义思想水平,使他们在工余时间有正当的文娱生活,增进身心健康。

7.盲人聋哑人的残余视力、听力应很好地予以保护,有治疗价值的,应该帮助他们免费治疗;或者可以和医院挂钩,商请医师定期到厂进行聋盲症的防治工作。

(五)关于领导

第二十一条　在盲聋残福利生产单位中,中国共产党是领导的核心,全厂必须服从党组织的领导。

第二十二条　生产单位的党、政领导,必须通过广播、展览会、参观、访问以及其他各种形式加强对盲聋残缺者的社会主义思想教育,不断提高他们的政治思想觉悟,培养他们热爱党、热爱祖国、热爱社会主义的思想感情;教育健全人要热爱盲聋福利事业,全心全意为盲聋残缺者服务;对于经常旷工、破坏劳动纪律或有其他违法乱纪行为的职工,应当给以纪律处分。

第二十三条　盲聋残福利生产单位,都要建立盲人聋哑人协会的基层组织。受中国共产党厂委员会和上级盲人聋哑人协会的双重领导。基层组织的首要任务是对盲聋残缺者进行社会主义教育,并代表他们参加厂的领导,协助厂办好业余学校和集体福利事业,发展会员,承办上级协会交办的任务。

第二十四条　市、区盲聋残福利生产单位的组成、撤销、合并、移交由市民政局和区人民委员会批准,区属生产单位的撤销、移交还必须征得市民政局同意。

1962 年 10 月 30 日

【由杭州市上城区档案馆提供】

杭州市上城区人委转发市人委办公室 《关于居民委员会印章、衔牌的函》①

上委办字〔1962〕第 276 号

各街道办事处:

现将市人委办公室《关于居民委员会印章、衔牌问题的函》转发给你们,希按市的意见执行。

杭州市上城区人民委员会

1962 年 11 月 19 日

关于居民委员会印章、衔牌问题的函

办字 642 号

各区人委:

目前,各区正在整顿街道工作,健全街道组织,上城区人委办公室来电话询问居民委员会印章、衔牌的规格等问题,经我们研究,提出如下意见,以供参考。

一、印章

(一)居民委员会原来都有印章,在省里没有新的规定以前,不要重新刻制换发,如有的印章已经破损或因新设、更名等原因,需要新制时,可仍按原印章的式样刻制,其费用在该居民委员会的各办公经费内开支。

(二)对居民委员会印章的保管和使用,请各区帮助他们建立简而易行的用印制度,其使用范围,以不超越居民委员会的任务(《城市居民委员会组织条例》第二条)为原则。

---

① 原文标题为《转发市人委办公室"关于居民委员会印章、衔牌问题的函"》。

二、衔牌

居民委员会不设脱产的专职干部,且地区集中,范围不大,在确定居民委员会的办公地点以后,只要通知辖区居民或用纸临时写贴即可。同时,全市几百个居民委员会如果都挂起牌子,也显得杂乱无序。为此,我们建议居民委员会还是不挂牌子为好。

浙江省杭州市人民委员会办公室

1962 年 11 月 7 日

【由杭州市上城区档案馆提供】

杭州市民政局关于转发《上城区金钱巷街道关于冬令寒衣救济工作和组织生产自救情况的发言》的通知①

社陈字〔1962〕第 1528 号

各区民政科(局)、各街办、镇人委:

　　兹将上城区金钱巷街道办事处胡主任在 11 月 1 日区民政科(局)长会议上关于冬令寒衣救济工作和组织生产自救情况的发言转发给你们,以供参考。我们认为:金钱巷街道对缺衣少被的困难户的调查工作是做得深入细致的;解决冬令救济物资的办法也是可行的。目前,天气已经转寒,解决困难户御寒问题已很迫切。希望各地抓紧时间进行调查核对工作,要求做到不错不漏,户户落实;发动群众,加强同有关部门的联系,千方百计地解决布、棉等冬救物资的困难;并将寒衣救济和组织生产自救工作好的经验告诉我们,以便交流。

　　附件:如文

杭州市民政局

1952 年 11 月 12 日

上城区金钱巷街道关于冬令寒衣救济工作和组织生产自救情况的发言

(一)

　　我们金钱巷街道党委对困难户、救济户的生活十分关心,早在 9 月中旬,就专题研究了冬令寒衣救济工作,并由第一书记亲自抓,指定一个街道主任具体负责。并反复教育干部,认真贯彻以自力更生为主,政府救济为辅的原则。现在全街道要救济用布 499 尺,自己已可解决 60% 以上。我们的做法是:

　　首先,对缺少棉衣、棉被,过冬有困难的贫苦居民做了三次调查。第一次

---

　　① 原文标题为《杭州市民政局通知》。

是由压缩城镇人口工作组的干部下居民区时,结合中心工作进行摸底排队,调查发现缺少棉衣、棉被的共计 50 户,87 人。但这次调查工作,在布置时要求不明确,工作做得比较粗糙,所以我们又召开了居民委员会主任和社会福利主任会议,布置核对。经过核对,全街道缺衣少被的共 44 户,85 人,缺少大小棉衣 47 件,棉裤 31 条,棉被 4 条。但是街道为了彻底摸清困难户缺少寒衣的情况,做到应救济的一户不漏,不应救济的一户不错,根据居民区核实的名单,又指派街道干部两人挨户登门访问核对。第三次核对后确认,全街道实际缺少寒衣的有 34 户,82 人,需要大小棉衣 19 件,棉裤 19 条,棉被 5 条,共计需要棉布 499 尺,棉花 83.5 斤。

街道干部在登门核对中,发现居民干部在调查核实时,存在以下问题:(1)没有把困难户、救济户原有的破旧棉衣加以利用,一律作为缺少棉衣统计;对去年如何过冬,缺少衣、被的原因也未认真地问清楚;(2)有的居民干部救济界限不清,把困难职工家属也统计为救济对象,有的将已经去支农的人员缺少棉衣的也统计上来;(3)有的居民干部对思想落后的救济户迁就让步,害怕听骂声,棉衣本来不缺,也随便写上一件。由于这几方面的原因,就出现了救济面过大、救济数量过多的情况。

调查摸底结束之后,街道即召开了居民干部会议,研究了解决寒衣救济的办法。我们的办法是:(1)能修补的一律用修补的办法解决。(2)提倡群众互助。采取布票调换物资的互助方法。有些生活比较富裕的居民,做新棉被布票不够,愿意拿旧棉衣与救济户调换布票,由居民区代为挂钩。这种互助方法,已与部分居民和救济户商量过,他们都表示愿意。现在居民区已在物色对象,布票发下后即可进行调换。通过调换,街道估计可以解决 100 尺左右的救济布票。(3)挖潜力。街道在停办的社办企业中找到可以利用的胶布 60 多尺,旧棉花 20 斤,加上去年冬令救济中结余的一些物资,共计亦在 100 尺以上。(4)街道准备对救济户的布票做好回收,估计可以收回 100 尺以上。(2)、(3)、(4)三种方法,合计可以解决布票 300 尺左右。也就是说,我们金钱巷街道今年的冬令救济物资,街道自己可以解决 60% 以上。

在筹备物资的同时,街道又分别召开了今春将棉衣卖掉和棉衣还可以修补的救济户座谈会。对卖棉衣造成过冬困难的救济户主要进行教育,使他们认识错误,表示今后不再出卖救济棉衣;对棉衣破的主要是商量如何进行修补。凡自己能修补的就自己补,自己不能修补的由居民区互助修补,街道还准备指定一个修补拆洗服务站,专门进行修补,并将街道中已经找到的废布先发给救济户立即进行修补。目前修补工作已经开始进行了。

我们街道还在停办的服务站中找到零碎布 600 多尺。现在已经与有关部门在联系,如果可以作为救济用,那么全辖区所需的救济布全部可以解决,还能支援一部分给兄弟街道使用。

<h2 style="text-align:center">(二)</h2>

关于组织生产自救情况,我们金钱巷街道办事处截至 10 月底,共组织贫苦烈军属、困难户、救济户 745 人,参加了 20 余种加工服务性的劳动和家庭副业。其中:

服务性劳动 94 人,具体项目有洗衣、食堂杂工、搞卫生、扫地、管自来水、管自行车、介绍保姆、菜场拉车、菜场管理、剥毛豆、介绍社办企业营业员、临时杂工、晒马粪等 13 种。

加工性生产 441 人,具体项目有糊衬布、垫鞋垫、拣驴毛、绣手套、包药、绒线衣绣花、糊纸盒、剪兔毛、洗油纱头、加工童鞋、结花边等 11 种。

另外,安排了普工 139 人,介绍做摊贩 71 人。

近半年来,我们金钱巷街道生产自救的发展是比较快的。其原因主要有以下四个方面:

1. 党委重视。我们的街道党委在召开会议时,经常将安排群众生活问题作为主要内容进行研究。半年来一直由党委第一书记分管群众生活方面的工作,并指定专人具体负责。并与街道中心工作紧密结合,在会议、干部力量方面均妥善安排。因此,6 月份以来,街道中压缩城镇人口、支援农业的任务虽然很繁重,而组织生产自救工作却一直在向前发展,取得很大成绩。

2. 依靠基层组织。我们街道在 8 月份以后,就开始了居民委员会的整顿和改选工作。在整顿改选中,各居民区都按规定成立社会福利工作委员会,并组织委员学习,提高政策业务水平;生产自救工作由这个委员会负责去做,新干部积极性又很高,因此,促进了生产自救的发展。如青莲巷居民区原来是空白点,改选后就组织了 17 人结花边;三益里居民区改选后,组织 74 人参加糊纸盒、结花边、包药、剥毛豆、绣手套等生产自救。反之,河坊等五个居民区因为改选工作尚未进行,无专人负责,6 月份以来毫无进展。

3. 教育群众,重视质量。加工质量的好坏,与已经组织起来的生产能否巩固有很大关系。我们对于这一点是重视的。如凝海巷居民区给杭州制鞋厂加工鞋底垫,这是一项比较适合困难户做的加工生产,在一开始就教育群众重视质量,使加工单位感到满意。10月份,厂方准备将此业务收回,组织困难职工家属加工,后来因为家属做的质量不及居民区,所以厂方仍旧叫居民区加工。这项加工性生产就一直巩固下来。另外,对于原材料消耗的掌握,按时交货、结算,账目清楚等也是使生产得以巩固的原因。

4. 交流经验,互相促进。我们定期召开居民委员会主任和社会福利主任会议,交流生产自救的情况和经验,特别是请组织进展较快的凝海巷、三益里等居民区在会上做介绍。这对于生产自救进展缓慢的居民区有很大的启发教育意义,也鼓励了工作有成绩的居民区。这样相互鼓励、促进和交流经验,有力地推动了生产自救的发展。

以上就是我们金钱巷街道寒衣救济和组织生产自救的情况。我们的工作做得很不够,希望大家提出意见,帮助我们提高。

1962 年 11 月 1 日

【由杭州市上城区档案馆提供】

杭州市岳王街道白傅路居民区
压缩城镇人口工作的几点做法①

　　白傅路居民区的压缩城镇人口工作,在街道党委的领导和帮助下,在培训这一阶段工作的基础上,进一步改进了动员方法,因而取得了较好的效果。9月份以来,已经动员回农村 31 人,占应动员回乡人员的 35％。这个居民区动员工作比较迅速,效果较好,主要是做了以下几点工作。

　　一、思想领先,澄清模糊认识

　　第一阶段,由于思想工作不够深透,从干部到群众暴露了不少思想认识问题,有的说:"最困难的时期已经过去了,为啥还要压缩城镇人口。"有的说:"嫁夫随夫是理所当然的事情,政府为啥三番五次地要动员他们回去。"有不少居民在背后说:"不要理会居民干部,坚持不回乡,他们(指干部)也没有办法。"有的公开给回乡对象帮腔与策划对策等等。因此,回乡对象的抵触情绪很大,居民干部感到很棘手,畏难情绪随之上升。岳王街道党委发现了这一问题以后,认为要做好压缩工作,首先必须澄清模糊认识,于是,先后召开了两次群众大会,书记、主任亲自出马作报告,反复讲清形势,讲清压缩城镇人口、加强农业战线的重要意义,要求群众自觉地承担国家困难,会后认真组织讨论,对不能来参加会议的居民,上门逐个进行补课;同时,为了克服居民干部的畏难情绪,组织他们学习了有关文件,通过教育,干部和群众的思想觉悟进一步提高了,使广大群众认识到压缩城镇人口是克服当前国家在财政经济上暂时困难的有效措施。多数居民积极拥护党的政策,表示愿意承担国家的困难。如星远里二弄 19 号 63 岁的老太太说:"听了报告,我才晓得国家还有困难,来自农村的人应该动员回农村去参加农业生产,我虽然不是动员对象也要协助政府做好动员工作。"

---

　　①　原文标题为《岳王街道白傅路居民区压缩城镇人口工作的几点做法》。

二、整顿动员小组,任务落实到人

开始时,这个居民区虽然也有动员小组,但是人员少,而且精力也不够集中,居民委员会的主要干部往往被居民区的其他工作所牵绊。第四季度,在解决思想问题的同时,居民委员会决定把动员核心小组成员从5人增加到13人,居民委员会主任、治保主任等主要干部都从事压缩城镇人口工作,居民区的其他日常工作,交给副主任等干部去办理,并且做到任务落实到干部,把应动员回乡对象分配给干部包干。由于精力集中、任务明确,干部的积极性也得到了充分调动。他们反映"分工包干以后,动员走一个少一个,成绩马上显现出来"。有的干部每天早上6点钟就上门去做工作,有些对象平时不在家,他们就运用星期六、星期天等假日上门动员。

三、有的放矢,动员方式多种多样

明确分工,解决了任务落实,仅仅有这一点是不够的,必须讲究动员的方式方法,他们的主要方法是:

1. 明确对象,集中力量,一个一个地动员。今年上半年由于动员工作没有抓住重点,平均使用干部力量,因此精力分散,回乡条件很好的也没有全部被动员回乡,确实没有条件回乡的,对我们大有意见,说居民干部不讲情理。这个居民区又吸取了上半年度的教训,改进了动员方法,在明确对象的基础上,集中力量,一个一个地动员。有重点地进行工作,首先,必须了解动员对象的来龙去脉。该居民区对动员回乡对象逐个摸底,分为三类:第一类,农村有人有屋,在杭州又无牵累,马上有条件回乡的。第二类,虽然农村有人有屋,但确实还有一些实际问题,一时走不了的。第三类,虽然是解放后来自农村,但是确有实际困难无法回乡的。情况明了,就集中力量做好第一类对象的工作,第二类只做一般动员,待第一类全部或大部分动员走了再对第二类进行排队,排出能走的培育动员。该居民区由于采用了这个办法,成效很大,9月初排出来的54个一类对象,目前已经动员回乡的占一类对象的57%以上。

2. 上门动员,不厌其烦地做细致的思想工作。动员回乡工作的主要方法应该是深入到对象家里去,访问谈心,遇到认识问题就以政策开导,遇到实际问题就具体帮助解决。如白傅路6号省检察院干部李学勤的保姆张茶娥,1957年从诸暨农村迁入本市,居民干部事先了解了张在农村有房子和□伯等人,儿子在巨州工作,因此,当居民干部第一次去动员时,她提出"自己没有劳动力，在农村无法生活"等"理由"，居民干部就以政策开导，说明不能迁到城镇去的道理。通过反复的动员，张茶娥思想通了，愿意走了，但是她的东家检察院干部李学勤同志不肯放她，他们就跑到省检察院找李学勤同志，要求同意让其保姆回乡，经过反复的工作，这个保姆终于被动员回乡了。

3. 帮助解决实际问题。在做好思想工作的同时，还必须帮助解决一些实际问题。如对保姆已被动员回乡的干部家里，就帮助他们找好顶替的保姆，省检察院干部李学勤同志的保姆被动员回乡以后，小孩子没人照顾，居民干部就动员了一个精简回家的工人去从事保姆工作，解决了李的实际困难，其他如回乡人员生活有困难的，就帮助解决路费。有的回乡对象没有时间去办理迁移户口手续，居民干部就主动地帮助去办好迁移手续。有些回乡对象要求调换些油票、糕票等，干部就发动左右邻居相互调换。

白傅路居民区在街道党委的领导下，经过两个多月的积极工作，获得了很大的成绩。但是，该居民区的干部也没有因此而自满，表示要再接再厉，进一步做好压缩城镇人口工作。

中共上城区委正编领导小组办公室

1962 年 11 月 19 日

【选自《精简工作简报》第 11 期　由杭州市上城区档案馆提供】

杭州市上城区关于对居民区办公费和
居民干部生活补助费使用规定的通知①

各街道办事处：

经研究,对居民区办公费和居民干部的生活补助费使用重新规定如下：

一、居民区办公费：包括办公用品、纸张、报纸、水电等,每一居民区每月4元。按照标准如数发给居民委员会,由居民委员会根据节约精神,包干使用。透支不追补,结余不上交。

二、居民干部(指居民委员会委员以上)的生活补助费,每一居民区每月12元。按照标准拨给街道办事处,由街道办事处统一掌握,在街道范围内调剂使用。对居民干部在生活上发生的困难,应据情主动给以适当补助。

三、各街道办事处和居民委员会,对上列经费的开支,应建立账务,并切实做到专款专用。

以上规定,从今年12月份起执行。

上城区人民委员会

1962 年 11 月 27 日

【由杭州市上城区档案馆提供】

---

① 原文标题为《关于对居民区办公费和居民干部生活补助费使用规定的通知》。

杭州市清波街道劳动路居民区
开展压缩城镇人口的动员工作①

　　清波街道劳动路居民区从开展压缩城镇人口工作以来,在街道党委的正确领导和帮助下,取得了一定成绩,到11月底,已动员回农村66人,占有条件动员回乡总数的47.1%。他们动员了这部分人,不但很少听到回乡人员不高兴的话,而且许多回乡人员还经常到杭州来,到居民干部家里来走亲戚。这个居民区在压缩城镇人口工作方面,主要做了以下几项工作:

　　1.抓思想,统一认识。根据前一阶段工作实践,要做好这一工作,必须解决对象、群众(非动员对象)和干部这三类人员的思想问题。动员对象当时主要有两种思想情况:(1)对于农村大好形势认识不足,认为农村这也苦,那也苦,千方百计留恋城市。如劳动路58号居民沈金仙为了留在杭州,说:"农村随你这样好,总没有城市好,我不要你们解决生活困难,农村我是无论如何不去的。"(2)对于压缩城镇人口的目的意义认识还不够清楚,认为一个人活着总要吃饭的,这里也吃饭,回乡也吃饭,回乡跟不回乡一样,何必多找麻烦。如三衙前30号居民吴金玉说:"我在杭州靠丈夫吃饭,回乡也是要靠丈夫吃饭的,我在杭州叫吴金玉,回去也叫吴金玉,回去和不回去都是一样的。"因此,在开始动员时碰到了以下几种情况。一看,如赐玉弄7号居民夏三宝说:"人家保姆和干部的家属都没有回去,你们为啥要盯牢我回去,人家走光我也走。"二拖,如陈福裘(住河坊街371号),7月就说去了,可是7月拖到8月,到了8月,说是要儿子过了暑假,一拖再拖,归根结底不想去。三摊,如劳动路青平里4弄1号王香娥,居民干部去动员她,她愁眉苦脸摊苦情,说"我有胃病,回农村生活不习惯,同时回去后丈夫没人照顾"等等。四哭,如青平里浙□宿舍13号袁志香,干部去动员,她就哭。五骂,如赐玉弄9号王连芳为了要女儿留在杭州,居民干部动员时,她就指着干部骂。六不理,如吕忠泉,此人最近从陆官巷迁来,居民区去动员她,她说:"回去不回去,我不晓得,你们问我丈夫去。"居民

---

　　① 原文标题为《清波街道劳动路居民区是怎样开展压缩城镇人口的动员工作的》。

区还是不厌其烦地去动员,她干脆就不理不睬了。七避风头,如赵桂金(住赐玉弄9号)自动员工作开始以来,经常外出,到余杭等地亲戚家里去,避而不来,逃之夭夭。八威胁,如青平里3弄12号居民徐云仙回东阳郭宅村有条件,但她不肯回去,说:"你们要我回去,我就离婚好了。"在少数居民群众中,主要是同情对象,认为"铜锣一声响,坐拢一桌生",夫妻囝儿在一道,还是不分好。由于存在这些情况,部分居民干部对于进一步做好压缩城镇人口工作的信心和决心不大,认为这个工作已经搞了将近一年了,能定的都定了,剩下来可以动员的也不多了。有的认为:"剩下来的是搬不动、推不倒的石头,再去动员也是枉然。"还有少数干部怕伤情面,认为"大家朝夕相见好去就去,不好去也没有办法,何必弄得面红耳赤"等等。上述人员思想情况主要表明其对当前形势认识不足。要说服动员他们自觉地退回农村,达到预期的效果,必须从抓思想、开展教育着手。因此清波街道的领导亲自出马,分别召开群众大会、干部大会,讲形势,造声势,阐明压缩城镇人口、支援农业、克服目前国家暂时困难的重要意义,教育对象自觉地、积极地、主动地承担国家困难,响应党和政府的号召,返回农村,要求大家积极协助政府做好工作。会后这个居民区根据会议的精神,趁热打铁,紧紧抓好两个工作:一是认真组织好讨论;二是没有听过报告的居民特别是"对象"由居民干部逐户上门补课。通过讨论和补课,居民、对象和干部的认识普遍提高了。首先是居民干部统一了思想认识,树立了一定能够搞好压缩城镇人口工作的信心和决心。如居民干部沈杏英说:"只要我们好好搞,耐着性子去动员,就算对象是个铁人,也会熔掉的;压缩城镇人口工作,有领导和群众的支持,一定能够搞好的。"其次是提高了动员对象的思想认识,使其认清农村形势正在好转,支援农业是克服暂时困难的好办法,如劳动路55号的本配连说:"农村的收成今年比去年好,去年我们买蔬菜要限量,要排队;今年蔬菜你要多少有多少,根本不用排队。"她又说:"只有农业好,才能百事好,支援农业实在重要。"最后,群众的认识也提高了,认为压缩城镇人口工作是好事,不是坏事,如新民里4号居民徐安芝说:"农村收成今年比去年好,今年蔬菜木佬佬①,南瓜、花生买得到,农村收成所以好,动员工作勿要放掉。"

2.抓组织,加强力量。这个居民区共有8个小组,前一阶段参加动员工作

---

① 木佬佬:杭州方言,此处意思为很多。——编者注

的干部只有 4 人,经常出动的仅有两三人,因此声势不大,动员无力。他们根据这一情况,结合居民区改选,着手整顿组织,调整和充实了动员力量,调出了有其名而无其实的居民干部,同时另增添了陈□民等 12 名居民干部参加动员工作。现在他们有动员工作的居民干部 12 人,分成 3 个片,每个片 3~4 人,经常出动,早晚碰头。力量加强后,居民干部的积极性大大提高了,如竺苾君为了动员对象,有时早上 5 点钟起来,有时晚上 11 点钟还在等对象,进行动员。她说:"事情是要靠人做出来的,没有人做是不会成功的。"

3. 摸索情况,讲究方法。要搞好动员工作,首先必须弄清对象来龙去脉,然后任务落实到人,因此他们对所有对象逐户逐人摸底排队,将对象落实到小组,首先交清两个底子:一是何时从何地迁来;二是回乡地的情况,如有没有人,有没有房屋,生活有没有问题等等。使干部做到心中有数,便于动员。然后逐户排队分出先动员、后动员和暂不动员三类动员对象:一是农村有人有屋,杭州牵累不大,回乡没有问题的先动员;二是有条件回乡,但需要解决一些问题后才能去的,为后动员;三是虽然来自农村,但回乡后确实无依靠的如农村无人无屋的,列为暂不动员对象。第一类抓紧不放,经常串门访问进行动员;第二类顺便带带,不断地了解情况,掌握动向,能动员走的也动员;第三类有时去有时也可不去,但也并不放掉,有机会就动员。他们的动员方法是:

(1)一般策动和重点动员相结合。如劳动路第四小组的居民干部竺苾君,该居民小组所有的动员对象,她每天都要去串联两三次;同时重点对象抓住不放,她为了动员沈金仙回乡,有时早上 5 点钟起来,有时晚上 11 点钟去等他(沈在外做无证生意,每天早出晚归),就这样跑了 20 多次,有几次碰不到,有几次谈不出结果,但她不灰心,继续不断地动员,结果还是将沈金仙动员走了。

(2)内外结合,居民区动员和单位动员相结合。如青平里 2 弄 6 号动员对象王丁玉(在长生路小学临时代课)、王琼亚兄妹两人,均为 1957 年从玉山县瑞岩公社第三大队迁来,乡下有母亲,回去有条件,他们多次上门动员这两人,本人提出回去有种种困难,表示不愿回去。他们就积极主动地到长生路小学和学校领导商量,要求协助动员,取得了学校领导的支持。现在两人准备这个月回去了。

(3)亲切关怀,帮助解决具体问题。如劳动路居民区第三小组干部谢美声主动帮助对象金菊妹迁户口,办理粮票手续,调糕票,调烟票,买车票等等,并送她肥皂和食油票,积极鼓励她回去好好劳动。金送她 100 多斤柴,她把柴卖掉,将钱还给金菊妹做路费。金菊妹很感动,回农村(东阳)后,先后两次叫丈夫来看她,还送来了好多东西,如黄豆、芝麻、玉米花、团子等表示感谢,并且叫谢美声到农村去玩。又如劳动路40号居民干部竺苾君动员唐采文(劳动路40号沈宝华的保姆)回乡。唐提出很多困难,如没有棉被、回乡买日用品缺少工分券、钞票不够等等。竺就借她工分券,借她钞票,并主动和唐采文保姆东家商量,帮助解决棉被问题(被面子是竺苾君送的,棉絮是沈宝华帮助解决的),唐采文回乡后,先后两次来杭看她。第一次是来还借去的钱和工分券的,还特地送来两双鞋底和十几个鲜肉团子。她对竺苾君说家里养了许多鸡、鸭、羊、猪,现在有一只猪已有100多斤了,打算叫竺苾君去吃。第二次来杭州是11月中旬,是为儿子办婚事来买东西,顺便来看竺苾君,并且要竺12月初到农村去吃儿子结婚的喜酒。

(4)掌握政策,坚持耐心说服。动员回乡工作是一项十分复杂、十分艰巨的工作,时间紧、任务重。因此应特别注意方法,防止急躁。要耐心说服,反对强迫命令或以扣发票证手段达到动员回乡的目的。如劳动路居民区在动员青平里4弄1号王香娥回乡时,主动地送票上门,顺便进行动员,同时建议她写信去和丈夫商量,王写了7封信,终于丈夫李文汉表示同意了。可是,事不凑巧,王香娥生病了,居民区就叫她好好休息,病好以后再说。后来她病好了,高高兴兴地回去了。在回去时她对居民干部说:"你们真好,同自己人一样的,处处关心我。"由于这个居民区坚持耐心说服,工作细致踏实,许多以前认为不可能动员回乡的,现在回乡了。如千方百计想留在杭州的沈金仙,说"人家走光,我也走"的夏三宝,一见干部就哭的袁志香等也都先后回乡了。

中共上城区委正编领导小组办公室

1962年12月8日

【摘自《精简工作简报》第14期　由杭州市上城区档案馆提供】

杭州市民政局关于本市街道办事处
工作情况和意见的报告

民王字〔1962〕第 1738 号

杭州市人民委员会:

　　11 月以来,我们就街道工作访问了城区各街道办事处的党委书记或主任,并邀请了岳王路、小营巷、横河桥、孩儿巷、望江、大关等 6 个街道办事处的主任就当前街道、居民工作进行了座谈,现将本市当前街道工作情况和今后的意见报告如下:

　　我市从 1954 年建立街道办事处以来,在市、区党政的正确指导下,对办理市、区人民委员会交办事项,贯彻政府政策法令,反映居民的意见和要求,密切党和政府与居民群众的联系,指导居民委员会的工作开展各种社会福利、拥军优属、治安保卫、文教卫生以及调解居民间纠纷,增强人民内部团结,做了大量工作,取得了显著的成绩,对于加强城市的国家基层行政工作,减少市、区人民委员会的行政事务,起了良好的作用。1960 年以来又建立党委、组织城市人民公社,调整和充实干部力量,提高质量,举办街道工业、集体福利事业,完成各项中心任务,团结广大居民战胜自然灾害带来的困难,做了许多出色的工作,在这期间,因为都全力以赴大抓街道生产和集体福利事业,街道党委、分社、办事处曾一度放松对居民委员会工作的指导。今年以来,各街道的街道居民工作虽已开始逐步加强,但目前仍然存在不少问题,主要有如下几个方面。

　　1. 组织机构多。在街道一级的组织机构有党委、分社、办事处、团委、妇联、票证办公室、消毒站、爱国卫生运动委员会、集市贸易管理委员会、防空委员会、优抚委员会等 10 余个,组织这样多,领导干部多,会议多,坐办公室的多,下居民委员会干实际工作的少。拱墅区大关街道 9 个干部,真正做居民区工作的只有 2 个。岳王路街道 13 个干部中,党委正副书记、组宣干事、团委书记、妇联主任、办事处正副主任就占了 8 个,加上一个内勤,分管居民区外勤的只有 4 个人,平均一个人要管 4 至 5 个居民区,多的一个人管 2000 多户。由于做具体工作的人少,管外勤的范围过大,户数管得过多,因此上面布置工作,不容易及时贯彻下去,居民区的情况也不能深入细致地摸清、全面掌握,个别的不仅对自己管辖的居民区有多少困难军属、有多少缺衣少被的社会救济户掌握不起来,就是连居民区有几条街、巷、里、弄也不太弄得清楚。另外,由于机构多,每一个组织都配有一定的工作人员,人浮于事的现象也就存在。如发放票证,原来都是由街道办事处的内勤兼管(工作稍忙一些),现在每个街道都设有街道票证办公室,一般均配有 3 人,多的 4 人,少的 2 人,他们在业务上受市商业部领导,在政治思想、学习等方面受街道领导。工作上,除了在月初发票和月底结算时较忙,有将近一半的时间闲得无事干,而发放票证忙的时候又必须依靠街道办事处配合和居民区协助才能完成任务。全市 23 个街道,除西湖区南山街道的票证办公室接受办事处安排,相互配合得较好以外,其余街道的票证办公室都不接受街道统一安排,平时不下居民区,晚上和假日也不轮流值班。闸口街道辖区有一户居民办丧事,一个晚上 5 次上街道领豆腐票都是窗门紧闭,向街道办事处提出意见"为人民服务持什么态度"。后来请票证办公室夜间值班,白天补假,但仍然不干。望江街道的票证人员和办事处的内勤对面相坐,工作上相互推诿,因此许多办事处都一致认为票证人员过多,不符合精兵简政的精神,群众不便,街道无法解决。另外像每个街道都有一个消毒站受卫生部门直接领导,街道不好统一安排,平时空得无事,忙时没有街道配合又完不成任务。

2. 职责范围不清,工作忙乱。根据《城市街道办事处组织条例》的规定,街道的任务是三条:"办理市、市辖区人民委员会有关居民工作的交办事项;指导居民委员会的工作;反映居民的意见和要求。"组织条例还规定,市、区人民委员会的各工作部门,非经市、市辖区的人民委员会批准,不得直接向街道办事处布置任务。一些街道办事处的老主任都反映,过去区里有政法区长分管街道工作,各部门的工作均经过区人委统一安排向街道布置,市里民政局经常进行有关街道工作的调查研究,交流经验指导业务。现在区里没有专职区长抓,民政局几年以来也没有管,各个部门都把街道办事处看作他们的基层,都要求街道为他们完成各项"紧急任务",因此街道办事处主任忙于开会,有时街道办事处一天接到三四个要主任参加会议的通知。有的部门一个办事员也主持召开主任会议(这些问题现正在逐步改进)。有一些不应交街道办事处做或者可以不交街道办事处办理的工作也布置下来了。望江街道主任反映,区交管局下面有运输业务站,对自己管辖地区有多少车辆,掌握得清清楚楚,但是车辆登记却要街道办事处办,区计划科要统计家禽家畜数,粮食部门供应饲料早有数字,仍要布置街道再统计。小营巷街道主任反映,就是连商店的职工也来向街道主任布置任务。岳王路街道主任反映:"压缩城市人口工作今天布置统计,明天布置报表,结果辛辛苦苦搞起来,报废的却不少,现在街道办事处的职责范围到底是要做哪些事也不太搞得清楚。但另有一些方面却超越了街道办事处的职权,如街道办事处的印章本来不对外,现在对外省外县也用街道办事处的名义发信,印上没有冠有杭州市的地名,因此就出现有些地方不知道我们是什么地方、什么单位的情况,因此有些干部说,街道办事处是'垃圾箱','样样干'。"由于各部门都向街道布置工作,街道忙于应付任务,忙于事务,过去条条与块块相结合的工作方法也被打乱了。领导干部整天忙于开会,坐不下来,深入不下去,因而在一定程度上影响街道办事处主动地安排业务,正常地开展工作。

3.街道干部调动频繁,干部政策业务生疏。街道干部通过几年来的调整,政治质量有很大的提高,但是许多新干部政策业务生疏,工作经验缺乏,有些比较老的街道干部忙于"中心"和"突击"任务,因此对经常工作的政策业务也有所荒疏。如岳王路街道主任说:"1958年以前市区的一些领导同志还召开街道办事处主任会议,相互交流工作经验,现在这些交流工作经验的会也不开了,政策业务方面的资料,街道也很少见了。"在日常工作中有些干部,甚至有的街道办事处主任连救济政策、救济对象、杠子也弄不清楚。

根据以上存在的问题和各街道负责同志的意见,我们研究提出如下几点建议:

1.精简组织机构,统一使用干部,改进工作方法。随着城市工作体制的变化,街道工作的主要对象是广大居民群众,要使党的中心任务、各项政策法令和具体工作能迅速地贯彻下去,将居民区的情况以及他们的意见和要求及时反映上来,除了加强党的领导、充分发挥居民委员会的作用以外,还必须改变当前街道组织头绪多、坐办公室多,做具体工作的人少的状况,改变忙闲不均,发挥每一个干部的作用。如果街道一级的机构在统一领导下互相配合,合理分工,则干部数量是宽裕的。街道的组织机构,一般可以是街道办事处、妇联、团委等部门,在党委的统一领导下,既管条的业务也分管居民区的工作,减少专职领导,减少内勤。票证办公室和消毒站,业务由业务部门领导,思想教育和行政管理由街道办事处领导,专业工作忙时街办统一安排力量帮助完成,专业工作空时,也应深入居民区,并完全遵守街办的工作制度,服从街办的统一领导。街道生产、企事业较多的,可以设置1至3人专职管理,工资在企事业中开支,不列入国家行政编制。街道外勤,根据各街道几年来的经验,一般1000户居民左右设一个外勤干部。在分工上恢复条块结合的方法,即按业务分工负责，又按地段（居民区）分片包干。

2.区加强统一集中的领导。街道工作的忙乱主要在于区。人委缺乏统一集中的领导，目前街道工作的对象主要是居民，可以恢复1958年以前由一个区长分管街道工作的方法。区各工作部门，要向街道布置的任务，应按月提出计划，办公室平衡综合，由区长统一布置，非经分管区长批准，工作部门不得召开主任会议，但可以召开业务干部会议研究政策业务、交流经验（有的区已经这样做）。财贸、工建交、教育等，现已归口管理，具体业务一般应该由基层业务单位去贯彻，不应再向街办布置，需要广大居民遵守的法令政策、规定指示，可以抄送街道协助宣传教育。街道办事处的经常工作，也应根据区人委布置的任务按月按旬进行安排。对各部门直接布置的任务，除了《城市街道办事处组织条例》规定的任务和市区人委已交办的任务外，可以拒绝接受。

3.加强业务学习，提高干部的政策业务水平。具体办法有：（1）建立经常的业务学习制度。（2）与街道最密切的工作部门开专业会议，既研究业务也学习政策。（3）市、区民政部门加强街道居民工作的调查研究，总结交流经验。（4）为了满足各街道干部学习的需要，市民政局汇编一些资料印发各街道。（5）必要时可以举办短期训练班。

以上意见如无不当，请批转各区人委参考。

1962 年 12 月 18 日

【由杭州市档案馆提供】

杭州市民政局关于居民委员会
几个问题及今后意见的报告

民王字〔1962〕第 1739 号

杭州市人民委员会:

最近,对城区的居民工作,我们访问了各街道的党政领导,访问了部分居民委员会,并召开了 6 个工作先进的居民委员会主任的座谈会,现将情况、问题、意见报告如下。

今年以来,各区人委和街道办事处指导居民委员会的工作都有了加强。首先是充实力量,健全组织。如上城区结合中心培养干部,对居民委员会进行分期分批的改选和整顿。现在该区 107 个居民区已经有 82 个居民委员会完成了改选,通过改选,每个居民委员会在主任的统一领导下,建立了治安保卫、社会福利、文教卫生等工作委员会,设置了调解小组或调解委员,每个居民小组也都有正副组长 2 至 3 人。拱墅、江干等区也进行了一些补选,以充实居民委员会的干部力量。其次是注意帮助居民干部提高政策业务水平。街道办事处一般都结合贯彻中心任务,组织居民干部学习政策法令,有些街道还组织专题的业务学习,有些地区则采取以师带徒的方法,帮助新干部熟悉业务。最后,有些街道对居民区的工作进行了调查研究,如马市街岳王等办事处对居民委员会的职责范围、工作方法等已做了一些研究和安排。这一系列的工作,提高了居民干部的政治觉悟和政策业务水平,调动了新老居民干部的积极性,增强了居民委员会的办事能力,从而在协助政府贯彻中心任务,安排好居民生活,办理居民公共福利事项,开展群众性的治安保卫,维护城市社会秩序,调解居民间的纠纷,增加团结等方面显示了很好的作用。但是,居民委员会的工作当前仍然还存在不少问题。综合起来,最突出的是:

1. 任务繁重,工作忙乱。居民区的任务,根据《城市居民委员会组织条例》中的规定,是办理有关居民公共福利事项,向当地人民委员会或它的派出所机关反映居民的意见和要求,动员居民响应政府号召并遵守法律,领导群众性的治安保卫工作,调解居民间的纠纷等五项任务,当前这五项任务的工作量比过去大大增加,要求也比过去更高了。如办理有关居民公共福利事项方面就有优抚、救济、组织生产自救、安排居民经济生活、城市绿化等;在文教卫生工作

方面，包括社会青少年的管理教育、协助了解学生家庭情况、入学年龄、除四害、查卫生、街道保洁、井水消毒、动员居民打防疫针、接种、报告疫情，发放各种预防药品等；在治安保卫工作方面，有安全检查、巡逻、协助维护交通秩序、清查黑人黑户、迁送自流人口、协助收留流浪儿童、监督改造四类分子、督促人口审报、协助破案等；在动员居民响应政府各种号召方面，有压缩城镇人口、动员支农、积肥、动员投售各种废品、教育群众勤俭持家、存款储蓄，还有处理日常的居民间的纠纷开具证明等30余项。特别是近年以来，发放各种票证、协助房管部分收房租等几乎成为经常的重点工作。如发放票证，搞错了不仅要赔偿，而且还会被怀疑贪污作弊；帮助收房租两面不讨好，不能及时收起来，房管所批评，催紧了，受租户责难，"房租催得这样紧，屋漏不管"，有时将房租税款收起来，因为没有齐，不准缴，居民干部把几百元现钞放在身边，心里慌兮兮，弄得又急、又忧、又气。同时领导头绪多，有些部门特别是某些商店、粮站也直接向居民区布置业务，如食品商店每月增加供应香烟，要居民区挨家挨户向吸烟者收起钱来，向店里买回香烟后一家一户挨户分配，既费时又费力，还要赔钱；有些居民干部说他们现在是"营业员、赔钱员"。有的单位叫居民区办事情，但又不相信居民干部。如上城区三盆里居民委员会主任反映："粮站为了供应鸡糠，要我们调查每户养鸡只数，统计送上去后，又要我们陪他一家一户去检查。"江干区十五奎巷居民委员会主任说："一家煤球燃料店要我们统计用煤户数、人数和用煤量，连续调查三次都不行，后来我们拒绝调查，燃料店就一顶大帽子压上来，说'以后煤球不供应由你们居民区负责'。"居民干部说："两个肩膀，一个头，就是领导，而且不服从他们不行。"再一方面，居民区工作忙乱是因为证明多。如岳王路街道办事处的同志说："居民区工作有五多，即票证多、统计多、会议多、领导头绪多、证明多。"据他们初步统计，开具证明达60余种，如婴儿买奶粉，户口簿出生证，又有购粮簿，每月购买奶粉仍要居民区证明（现在已改进）。由于居民区工作忙乱，领导头多，有些居民干部整天忙于居民工作，既影响他们本身的生产和生活，也影响居民区工作的统一安排和正常的开展。

2.部分居民区的管辖范围偏大。据上城区统计，该区原有居民区174个，现在只有107个，比原来减少38.5%，过去每个居民区平均只有264户，现在平均每个居民区在420户以上，全市有不少居民区在600户以上，江干区望江街道共21个居民区，有6个在800户以上。有些居民区户多地广，工作很不便，如清波街道的4条巷居民区，西起清波门，东到杭四中，路长达公共汽车一站。这些大的居民区原来都是由 2 个或 3 个居民区合并而成的:有的名义上合并成一个,而实际工作各管各,街道工作仍要分头布置;有的居民区合并后干部不团结,工作上相互推诿。居民干部反映,居民区划大了,有"三不便":通知开会不便,联系工作不便,群众找干部反映意见和要求不便。另外,也有不少居民区因基本建设拆迁房屋居民过少,居民干部不多,工作也难以开展。如城站居民委员会因建造城站宾馆,现在只有 100 多户,干部少,领导薄弱,工作搞不开。又如金钱街道布市弄居民区,北起河坊街,南到望江街,中间因建起工具厂,已经形成两片,联系工作、通知开会都很不便。

3.多数居民委员会自 1958 年以来长期未进行改选,有的虽进行过补选,仍不健全,形成干部少、兼职多、组织空的状况,有些居民委员会的工作委员会长期没有人,已经成了空架子。下城区横河桥街道 12 个居民区经常搞居民工作的各只有三四人,其中有 3 个居民区很长时期已经没有人管,长庆街道新桥居民区在 1959 年改选时共有居民干部 45 人,现在剩下的只有 13 人,而真正做居民工作的只有 3 人,居民委员会下面的工作委员会除治保委员会因派出所警察抓,工作较为正常外,其他文教卫生、社会福利等组织都形同虚设,这样大量的居民工作就压在几个人的肩上,这个居民委员会的主任(新桥杂货店负责人)章茭生,约有三分之二的时间在搞居民工作,为了避免店内有意见,长期以来没有休息天。武林街道仙林桥居民委员会主任周文霞身兼数职,整天忙于开会,有时一天有街道、派出所、刑警队等四个会议的通知,弄得四处为难。这些居民委员会没有按期改选,组织残缺不全,与当前的形势要求显得很不相适应。

4.居民委员会的工作、会议和学习等一套制度尚未正常,大多数居民干部对居民委员会的性质、职责范围不明确,对政策业务不太熟悉。如江干区过军桥居民委员会主任任德劳工作积极,但整天忙于收房租、收地价税,街办向他了解这个居民区的困难户情况,他却说对这个事情不了解。有些居民区对工作委员会的领导关系也不明确,有的竟错误地认为居民委员会受治保委员会领导。

5.对居民干部在政治上的鼓励和物质福利上的照顾不够,街道办事处、派出所以及其他有关部门布置任务的多,关心、照顾的少。因此有些干部说,"我们是工作做得着,批评吃得着,群众骂声听得着","吃自己的饭,做义务的工,白天黑夜要干,大风大雨要干,香烟也要多吸几根,套鞋布鞋也要比人家多跑坏几双"。街道主任也普遍反映,居民工作一年忙到头,有些确实比脱产干部还忙,却不评先进、不奖励,在一定程度上影响了他们积极性的进一步发挥。

居民委员会之所以产生这些问题,我们认为:首先是我局放松了对居民委员会工作的调查研究和业务上的指导，未能将居民委员会存在的问题及时向市领导反映，未能使领导根据不同的时期和任务采取相应的措施，及时求得改进。其次是某些部门和干部对居民委员会的性质认识不足，因此在工作方法上都把它看成自己的基层单位，有些自己能做、应该自己做的工作，也推给居民去做。

根据以上存在的问题，我们和街道党委书记或办事处主任，以及部分居民委员会主任交换意见，并进行研究，提出以下几点建议：

1. 调整居民委员会的管辖规模。居民委员会的管辖规模应当从有利工作、方便群众出发，照顾居民干部不脱产而一般又是家庭妇女、年老人员的实际情况，过大的应加以划小，过小的可给予合并，根据中央关于居民委员会组织条例的规定，居民委员会一般以 100～600 户为范围，而从本市的居住情况看，在城区一般以 300～400 户比较适宜。居住特别集中的可以多一些，居住分散的还应少一些，地区不宜过大过长，区划尽可能照顾方整，居民小组一般以20～40 户较为适宜。凡范围过大过小的居民区、居民小组，各区应结合改选及早加以调整。

2. 健全组织机构，充实干部力量，没有整顿居民组织的区应该加强领导，结合当前中心工作，物色对象，培养新生力量抓紧进行。改选以后应遵照《城市居民委员会组织条例》的规定一年改选一次。居民委员会的组织形式和干部配备，应本着大家的事大家办的原则，根据地区大小、住户多少，设主任委员一人，副主任 3～5 人，居民委员会下面根据工作需要设立治安保卫、社会福利、文教卫生等工作委员会和调解小组（或设一调解委员），各工作委员会的主任由居民委员会的副主任兼任，工作委员会的成员数根据各居民区的实际情况确定。居民小组设政府小组长 3～5 人，正组长由各居民委员兼任，在分工时要避免身兼数职、包办代替的情况发生，居民委员会主任掌管全面，不宜兼职，其他干部也尽可能做到不兼职，如果确实干部少，一般也不要超过身兼二职。基层妇代会要与居民委员会工作相互配合，防止组织重复。通过改选，街道办事处应加强对居民委员会的指导，帮助他们恢复和健全工作、学习、会议等制度，按季按月安排工作计划，定期总结工作，向居民大户报告工作，并经常总结先进居民区的经验，认真进行交流推广，使居民委员会的工作不断改进和提高。

3. 整顿居民委员会的任务，改进领导。居民委员会除了贯彻市、区布置的中心任务外，经常工作应该根据《城市居民委员会组织条例》所规定的内容加上文教卫生，不属于居民委员会的任务应该加以整顿。收房租方面，房管部门可按墙门推选可靠的租户代表,委托租户代表代收,或由房管员直接向租户去收。如上城区湖滨、小营房管工作组,一共有房管员 7 人,负责湖滨、小营的房管工作,租户 6692 户,平均每人负担不到 1000 户,以由房管员直接向租户收取为主,加上部分租户代收是完全可以做到的,事实上有的房管员已经这样做。储蓄工作有少量的报酬,可以推选可靠的居民做协储员。1954 年以来,收房地产税由居民委员会协助,自房产改革后,缴房地产税的面大大缩小,而且是每季度一次,负担不大,可以由居民委员会办理。但商业部门在发放的方式方法上必须研究改进,力求简化,使居民干部在发放中容易做,不易错。街办票证员做到票证按户装订,对居民干部发放票证或协助储蓄工作要严格区别错与弊,错的经过证明,应免予赔偿,弊的应该追查。商业部门在供应商品时应加强计划性,计划分配的商品可由居民委员会协助,但不应直接向居民委员会布置代购代分。各业务部门须由居民委员会协助完成调查,贯彻任务必须通过街道办事处统一安排、统一部署,不得径自向居民委员会布置任务,召开居民干部会议。公安派出所应该和街道办事处加强联系,派出所除治保工作的专业会议可以自行安排外,涉及居民委员会主任或其他干部时,必须经街道办事处同意。关于居民委员会开具证明的问题,凡有户口簿、购粮证、出生证或其他证明可以证明的,就不要叫居民委员会再打证明,以减少群众往返时间,减轻居民工作的负担。购买某些商品确需要居民委员会出具证明的,应该经过区人委或市属各主管业务部门批准。

4. 提高居民干部的政治觉悟和政策业务水平,并关心他们的生活疾苦,帮助他们解决困难。为了树立居民干部的光荣感,调动积极性,全市每年召开一次居民干部代表会议或居民工作积极分子会议。为提高居民干部的政策业务水平,拟按区或街道为单位举办不定期的训练班,由市汇编有关居民工作的资料供他们学习,街道办事处恢复定期向居民委员会总结工作的制度。在生活方面,对生活上确有困难的居民干部应给予定期或不定期的补助,并在某些生活用品的分配方面加以适当照顾,如吸烟的居民委员会主任拟请按劳动者标准照顾,没有工分券确没有套鞋的居民委员会主任照顾一双套鞋,粮食困难的居民干部,在居民机动粮中优先补助。

以上报告,如无错误,请批转各区街办和市属有关部门参考。

杭州市民政局

1962 年 12 月 18 日

【由杭州市档案馆提供】

杭州市江干区人民委员会办公室
关于居民委员会经费开支问题的通知

办字第 1922 号

各镇人委、彭埠乡、街道办事处：

为了更好地解决居民委员会和干部的实际困难，进一步调动居民干部的积极性，现根据市民政局、市财政局 1962 年 12 月 13 日〔1962〕民王字第 1706 号，杭财行字第 790 号通知精神，并结合本区具体情况，将居民委员会经费开支问题，作如下规定。

（一）居民委员会干部生活补助费

1. 补助标准：城区每一居民委员会每月补助 15 元；郊区每一居民委员会每月补助 12 元。

2. 补助对象：参加居民工作的居民委员会委员以上干部，因参加居民工作而影响他们的生产、经营以致收入减少、生活发生困难，或者因人口多、收入少，生活确实困难，以及因病或其他不幸事故临时发生困难的，均可给予定期或临时的补助。

3. 补助办法和批准手续：一是定期补助。定期补助应经居民委员会评议，镇人委、街道办事处审查，报区人委批准。定期补助半年一次。补助标准每人每月不得超过 15 元。二是临时补助。由本人申请（镇、街道也可以主动补助）镇人委、街道办事处批准。但每人每月补助 20 元以上者，应报区人委批准。

（二）居民委员会办公费（包括办公文具、纸张、水电、报纸等）：居民户数在300 户以上的居民委员会每月 5 元，300 户以下的每月 4 元。

（三）居民委员会干部生活补助费和居民委员会办公费，由各镇人委、街道办事处，按月造具预算，报经区人委审批核定。各镇人委、街道办事处，根据核定的数字，统一控制使用，不得超支。月后向区人委报告使用情况。

（四）居民委员会办公费用力求节约。居民委员会干部生活困难补助费，尽求补助得当，以真正调动他们的积极性。这两项经费暂由区人委办公室管理。对于使用情况，请区民政科假期加强督促检查。

（五）居民委员会干部通过补助后家庭生活仍有困难的，属社会救济对象的可再给予社会救济,帮助他们解决困难。

　　以上规定,自 1963 年 1 月 1 日起执行。请各镇人委、街道办事处,在年前造册预算,上报审定。

1962 年 12 月 19 日

【由杭州市档案馆提供】

济南市市中区居民委员会组织生产服务劳动^①

  济南市市中区小纬二路南街居民委员会,从 1960 年以来,在有关部门的支持和帮助下,采取集中与分散相结合的办法,把本地区内的几十名有一定劳动能力而不适于在企业中工作的男女居民组织了起来,使他们从事力所能及的为社会所需要的劳动,既改善了这些人的生活,又方便了群众。

  这个居民委员会先后共组织了制鞋加工、修鞋、水暖电气修缮、自行车修理、黑白铁加工、煎饼加工、拆洗缝补以及托儿等生产和服务组织,安排了 54 个男女居民分别参加各个不同的劳动。另外组织 36 人从事纺线、精纸盒、纳鞋底、缝鞋口、砸石子等分散的手工劳动。

  上述生产、服务组织既为社会所需要,而且由于居民委员会的干部与参加劳动的人员群策群力,热心为群众服务,因此成立以来,得到了各方面的支持和帮助,为群众所欢迎和赞许,不仅维持了下来,还得到了一定的发展。劳动的全部收入,在支付参加人员的报酬以后还有一定的盈余。到今年 3 月,共盈余了 11000 多元。这些钱主要被用来扩大再生产和改善劳动者的生活福利。他们先后购买了各种生产工具 130 多件,置办了一些普通的医疗药品和用具,买了一架美牌收音机,对个别生活还有困难的人进行了补助,还积累有 2000 多元的生产基金。

【选自《劳动》1962 年第 11 期】

---

  ① 原文标题为《居民委员会组织生产服务劳动》。

天津市调查研究,总结经验,
把街道工作提高到一个新的水平①

城市街道工作,是城市基层政权工作的主要内容之一,也是改造旧城市、建设社会主义新城市的一个重要方面。几年来,街道工作在教育居民群众,推动各项中心工作,以及配合有关部门完成各项工作任务方面取得了很大成绩。随着城市社会主义经济建设事业的发展,街道工作不断出现新的情况,增加新的内容。从当前情况看,在生产调整和基建战线缩短以后,被精简下来的职工,需要由街道组织教育和安排照顾;在压缩城镇人口工作中,大量的、主要的对象是街道居民和职工家属,这就需要街道积极地、主动地配合有关部门,动员他们及早还乡,支援农业生产;由于文教事业的调整,一些暂时不能升学就业的青少年,也需街道配合有关部门加以组织和安置;街道本身的民政、卫生、居民的文化教育、危房修缮、治安保卫等日常行政工作,也必须及时认真地做好;此外,还要监督和协助有关部门完成市场物价管理及各种票证发放等工作。在进行这些工作的时候,都要在加强对居民思想教育的基础上,把党的各项方针政策具体地贯彻到居民群众中去。做好这些工作,不但直接或间接地促进着生产建设的发展,同时也与居民群众的切身生活密切相关,这就需要我们认真进行调查研究,总结过去的经验,进一步加强街道工作,把街道工作提高到一个新的水平,以便组织和发动群众,贯彻执行党和政府的方针政策,调动广大居民群众的积极性,更好地完成当前的各项中心任务。

为了进一步加强街道工作,首先应当继续调整和健全组织,建立正常的工作秩序。街一层的组织机构和工作,应当是:适应需要,合理设置,明确分工,密切配合,统一安排,照顾全面。当前街道辖区范围依然过大,不便于领导,不便利群众,需要继续进行调整,使街道组织更加合理,并使街一层各部门的关系更加协调起来。对居民工作来说,通过建立居民群众性的组织,让居民自己管理自己的事务,是群众路线的工作方法。必须进一步整顿健全居民委员会

---

① 原文标题为《调查研究,总结经验,把街道工作提高到一个新的水平》。

等群众性的组织。根据《城市居民委员会组织条例》的有关规定,定期改选居民组织,不断扩大居民积极分子的队伍,充实骨干力量,特别是对退职、退休工人和社办企业、事业压缩回来的原来的街道积极分子,动员他们继续参加街道工作,发挥他们的作用。对尚未就学就业的青年,亦可动员他们参加街道工作,使他们成为街道工作上的一支新生力量。并且要加强对居民组织工作的领导,使它成为政府联系群众的桥梁,成为协助街道办事处完成各项工作的有力助手。

其次,要不断地提高基层干部和街道积极分子的思想和工作水平。基层干部是政府政策、法令的贯彻执行者,必须加强对他们的思想教育和业务能力培养,不断提高他们的政策、思想水平和工作能力,树立起密切联系群众、勤勤恳恳为人民服务的思想,成为模范地遵守党和政府的政策、法令,克勤克俭、廉洁奉公的人民勤务员。教育他们改进工作作风,在各项工作中,相信群众,依靠群众,坚持群众路线的工作方法;一切从实际出发,认真做好调查研究,把工作做得扎扎实实、深入细致。并且要在这次精简机构工作中,充实街道干部力量,以加强街道工作的领导。

对居民积极分子的培养教育,也是当前加强街道工作的重要一环。我区就有上万名街道积极分子,他们在协助政府向居民群众宣传国家的政策、法令,推动各项工作中,是认真的、积极的,但是他们的思想觉悟和工作能力有所不同,加强对他们的教育、训练、培养,使他们树立正确的工作作风;耐心地教给工作方法,提高他们的政策水平和办事能力;关心他们的生活,帮助他们解决一些实际困难,就能够进一步发挥他们的工作积极性,把街道居民工作做得更好。

再次,进一步活跃居民群众的民主生活,充分发挥人民群众监督、检查政府工作的作用。进一步活跃居民群众的民主生活,是做好街道工作的一个重要因素。因此,必须及时地向居民群众宣传党和政府的政策措施,讲解国内外形势,尤其是目前国家经济处在暂时困难时期,更应教育群众顾大局、识大体,克勤克俭,有计划地安排生活,协助政府克服困难。要经常通过各种方式了解和反映群众的意见和要求,并且创造条件,以便于他们发表各种意见;对他们提出的批评和建议,应该认真研究,加以改进。此外,还应建立健全居民委员会、居民小组的民主生活制度,最广泛地发扬人民民主,以调动居民群众的积极性,更好地为社会主义建设事业服务。

最后,认真地安排好人民经济生活。除了经常利用各种方式开展勤俭持

家的宣传教育外,还要继续组织商业、粮食、医疗卫生等部门,合理分配商品,
做好物资供应和医疗保健工作,以维护人民身体健康。对被精简下来的职工、
尚未就学就业的青年以及需要安置的人员,要本着自力更生、政府协助的精
神,根据需要与可能,在有关方面的协助下,有计划地组织他们参加加工生产、
修配服务和生活服务等方面的工作,妥善地解决他们的工作、生活出路问题;
同时,组织民办学校及各种补习学校,安排好尚未就业的青少年的学习生活。
要尽最大努力,使这些人都能各得其所。

（本文作者系天津市河北区区长刘战斌）

【选自《天津政报》1962 年第 17 期】

天津市家属委员会的经费开支规定①

　　为了进一步发挥家属委员会的组织作用,调动家属积极分子的积极性,从而更好地做好家属工作和街道居民工作,市人民委员会决定:从今年 10 月份开始,家属委员会的经费开支按街道居民委员会的标准执行,即每月发给家属委员会生活补贴费 14 元 5 角、奖励金 2 元 5 角,共计 17 元(由国家财政开支 12 元,公社开支 5 元)。

　　这项费用的掌握与使用,按照市人民委员会 1962 年 2 月 9 日《关于居民委员会经费的掌握和使用问题的通知》(见 1962 年第六期《天津政报》)的精神办理。但在发放前可与各基层工会共同研究。至于家属委员会的办公费用,仍按市总工会的规定,由各基层工会负责解决。

【选自《天津政报》1962 年第 18 期】

---

　　① 原文标题为《家属委员会的经费开支是如何规定的?》。

天津市调整街道办事处管辖范围①

目前全市共有街道办事处 57 个,这是由 1958 年的 115 个街道办事处合并成的。现在的一个街道相当于过去的两三个街道,每个街道的人口由原来的平均两三万人增至五六万人。街的管辖范围过大。有的街东西长达 12 华里,居民到街道办事处要换两三次汽车,来回需要半天时间,很不便利群众;街的辖区大、路途远,也不便于街道干部深入群众工作;同时,当前街道办事处和公安派出所的辖区不一致,也不便于工作上的相互协作、配合。

根据这种情况,市人民委员会日前发出通知,要求各区本着便利群众、便利工作的原则,依照街道的自然形状、居民的社会联系和习惯,将街道办事处的管辖范围进行一次调整。辖区人口一般在三四万人。街道繁华、人口密度较大的地区,人口可适当多些;工厂集中、人口密度较小的地区,人口可适当少些。可以一社(街道人民公社)一街,也可以一社多街。在辖区上,街道办事处和公安派出所要一致,并且要尽可能不打乱原有的居民区。

调整街的辖区,牵涉面较大,是一项细致复杂的工作。各区应根据上述原则,制定调整方案,抓紧做好调整街道的各项工作,及时建立新的街道办事处的正常工作秩序。同时,要对街道积极分子和居民群众宣传调整街道辖区的意义和目的,讲明本街道的范围和街办事处、公安派出所的办公地点,以便群众能够很快地熟悉起来。

【选自《天津政报》1962 年第 18 期】

---

① 原文标题为《为什么要调整街道办事处管辖范围?》。

天津市南开区东南角街建立街
各部门行政联席会议制度①

　　南开区东南角街自 1961 年 12 月街、社分开以后,为使街道工作秩序正常化,以街道办事处为主,建立了街道各部门的行政联席会议制度。迄今 10 个月来,这项制度一直坚持得较好,对统一布置和推动整个街道的工作起着良好作用。

　　这个街每月底召开一次各部门行政联席会议,由街道办事处主任主持。派出所所长,街道妇联主任,卫生院长和房屋管理站、粮油管理站、副食品中心店、饮食中心店、百货中心店、煤建中心店、储蓄所等单位的负责人参加。会议的主要内容是:部门之间交换意见,沟通情况;研究各部门下月需要居民委员会协助的工作任务;同时,安排下月需要召开的积极分子会议。

　　会后,街道办事处即将各部门需要居民委员会配合的工作加以综合,并根据区人委和街道党委的指示,写成工作计划,由街道主任在月初例行的各居民委员会主任、委员联席会议上,统一进行布置。布置工作时,还请有关部门的负责人参加,以便做必要的补充。例会以后,各部门遇临时性突击工作需要向积极分子布置时,有关部门即主动向街道办事处联系。需要开会的,由街道办事处给以安排;不需要开会的,即由街办事处外勤干部传达下去。

　　这样做有以下三点好处:

　　1.统一了街道的工作步调,减少了居民委员会的忙乱现象。在没有建立联席会议以前,有些部门往往不通过街道办事处随意给居民委员会布置工作,形成多头领导,使街道办事处无法统一指挥居民委员会的工作,造成居民委员会既工作忙乱,又完不成任务。特别是各部门随意召开会议,给居民委员会带来更多的困难,有时在同一时间内,街办事处开会,派出所也开会,使积极分子无所适从,也影响了各部门之间的关系。由于互不联系,街道干部和民警之间还往往会发生争夺街道积极分子的现象,对工作十分不利。建立联席会议制

---

　　①　原文标题为《南开区东南角街建立街各部门行政联席会议制度》。

度以后,这些问题基本上都解决了。不少居民委员会主任反映说:"过去你也抓,他也抓,弄得我们不知怎么办好;现在都归街道办事处这个口,我们的工作好做多了!"

2.推动了各部门的工作。过去除街道办事处和公安派出所外,其他部门通过居民委员会推动工作都有不少困难,普遍感到没有抓手。现在由街道办事处统一布置,感觉好做多了。无论是粮、油、煤供应,副食品分配,房屋修缮,还是街道卫生等,往下贯彻都比较顺利,做得也比过去及时、认真。派出所也觉得治安工作比过去加强了,所长说:"过去治安工作只是推动治保会去做,现在布置给居民委员会,大家都来做,力量大得多了。"

3.密切了部门之间的关系。过去街道内各部门之间联系很少,各做各的工作,工作中有什么困难,彼此很少了解。现在联系多了,关系密切了,有利于工作上的相互推动和支持。如该街沿河马路有家饭馆,过去卫生状况很糟,卫生院多次督促检查,也不见效果。在联席会议上卫生院提出了几个问题,饮食中心店负责人回去就督促检查,第二天这个饭店的卫生面貌就变了样。

为进一步加强各部门间的联系,推动全街道各方面的工作,这个街除了认真执行各部门行政联席会议的制度外,还采取了部门负责人之间碰头联系、遇事协商的办法。部门之间都很主动,街道办事处很注意主动联系各部门,关怀各部门的工作。特别是街办事处和派出所,联系很紧密,所长有事主动找主任,主任有事主动找所长,共商街道事宜。在他们的带动下,干警之间也很团结,工作上互相支持。在街道主任和派出所所长的倡议下,他们还召开过全部街道干警联席会议,交换意见,研究工作,解决工作中的问题。这样一来,全部街道工作日趋协调,出现了生动活泼的局面。

南开区人委办公室

【选自《天津政报》1962年第19期】

天津市人民委员会批转市财委关于《天津市购货票证使用办法》的通知①

厅王字 79 号

市属各委、局、处，各区人委：

自本市实行凭证供应办法以来，各种购货票证的使用情况基本上是正常的；但在市场上也发现不少投机违法分子及落后群众以购货票证进行买卖等违法活动，破坏了商品的合理分配，扰乱了市场管理秩序。为了便于广大群众对购货票证的使用和管理部门对投机违法行为的检查处理，同意市财委所拟订的《天津市购货票证使用管理办法》。希向你单位及所属单位的职工进行宣传教育，并严格按照执行。

1962 年 5 月 7 日

天津市购货票证使用管理办法

一、为了稳定市场秩序，维护商品分配制度，保障消费者的利益，打击投机违法活动，特制订本办法。

二、国家有关单位对消费者所发各种购货票证，只能由持有人按各种票证的使用规则购货使用，不得利用购货票证进行投机违法活动。凡下列行为，均属于投机违法行为：

1. 买卖、租赁、涂改、伪造购货票证；

2. 互相借用购货票证进行牟利活动；

3. 有意识、有代价地互相交换票证，或以票证交换商品形成变相买卖；

4. 以购货票证有代价地在市场上流通使用。

三、第二条所称之购货票证，系指国家商品供应部门或其他有关部门所发之一切商品购买凭证，包括粮、煤、工业品、副食品购货本，日用工业品及副食

---

① 原文标题为《市人民委员会批转市财委关于"天津市购货票证使用办法"的通知》。

品购货证,特需或营养品供应凭证及其他一切凭以购买商品的票证。

四、凡犯有第二条所列各种投机违法行为之一者,经查明属实,由市场管理部门及公安、司法等有关部门,视其违法情节轻重,除根据有关管理规定,分别予以批评教育、罚款、没收购货票证、劳动教养及判刑外,由市场管理部门对其违反供应政策的有关商品予以核减供应定量、停止一个时期的供应或长期停止供应的处理。

五、对买卖、租赁、有代价地转借及交换购货票证的违法人双方及其同伙人,均一律视为违法分子,按本办法的规定处理。

六、维护国家商品分配制度的正确贯彻,是每个人应尽的义务。凡发现有以购货票证进行投机违法活动者,应随时向市场管理部门、公安派出所或各级行政部门反映检举。

七、本办法自公布之日起施行。

【选自《天津政报》1962 年第 21 期】

天津市切实地做好街道试评选工作①

（评论）

市人民委员会发出了评选先进居民组织和居民组织中的先进工作人员的通知,明确规定了先进居民组织和居民组织中先进工作人员的具体评选条件,为我市各个居民组织和居民组织中的每个工作人员指出了进一步努力的方向。认真做好这次评选工作,将进一步调动广大居民组织和工作人员的社会主义积极性,激发大家争上游、赶先进的革命热情,对改进街道居民工作将是一个有力的推动。

基层工作是一切工作的基础,党和政府的一切方针、政策的深入贯彻实施,都要经过基层组织,通过广大基层工作人员的辛勤工作才能达到。城市居民组织的工作,是城市基层工作的一个重要方面。一切居民组织和这些组织中的工作人员的日常工作是大量的、平凡的,也是艰苦而光荣的,他们是党和政府联系广大居民群众最直接的桥梁。几年来,不论在办理有关居民的公共福利事项,动员居民响应政府号召、遵守法律方面,或是向政府反映居民的意见、要求,以及领导群众进行治安保卫工作和调解居民纠纷方面,他们都付出了辛勤的劳动,进行了难以计数的工作,取得了光辉的成绩。在这些工作中涌现出了许多先进居民组织和先进工作人员,他们受到了党、政府和居民群众的赞扬。在全市人民热烈响应党的八届十中全会的伟大号召,鼓足干劲,蓬勃开展增产节约运动的大好形势下,很好地总结一下街道工作的经验,评选出先进居民组织工作和先进工作人员,树立街道工作的旗帜,对改进今后的街道工作有着极为重要的意义。

在街道里评选先进居民组织和先进工作人员是居民民主生活中的一件大事,也是一项细致的群众工作。这项工作做得好与不好,不仅直接关系着居民组织的巩固与提高,关系到广大街道积极分子的工作积极性的进一步发挥,也关系到今后居民工作的进一步开展。因此,各区、街道在进行这一工作的时

① 原文标题为《切实地做好街道试评选工作》。

候,应该切实做好各项准备工作。譬如,结合本区、街的情况,拟定具体的评选工作计划;帮助居民组织总结街道工作,肯定成绩,明确和吸取经验教训;宣传评选意义,亮明评选条件;开好街道办事处、公安派出所的干警会议,进行思想动员,学习与讨论评选意义和具体做法;组织力量,进行评选试点;等等。只有在全面开展评选工作之前,认真地把这些工作做细做好,才能保证评选工作的顺利进行。

应该看到,评选工作的过程,实际上是对居民组织和这些组织的工作人员进行考查和鉴定的过程。居民群众除了肯定和表扬他们的成绩之外,也还会对他们在工作中的缺点提出批评和建议。这些批评建议大部分是正确的或基本上正确,但也会有不完全正确或是不符合实际情况的意见,在评选过程中出现这种情况是难免的,各区、街道必须向居民组织和这些组织中的工作人员进行思想教育,使他们抱着欢迎的态度来听取群众的批评建议。对于正确的批评建设,要愉快地、虚心地接受下来,并坚决加以改正;对于那些不完全正确或不符合实际情况的意见,也要耐心考虑,勉励自己。同时,也要教育居民群众热爱自己的组织、关心居民组织中的工作人员。在评比居民组织及其工作人员的时候,首先要看到他们工作中的成绩,发扬先进事迹,表扬先进人物;一切批评建议,都要设身处地,从爱护他们出发,来帮助他们克服缺点,转变作风。只有这样做,才有利于团结,也有利于提高街道工作水平,也才有利于密切广大居民群众和居民组织及其工作人员的关系,达到大家共同提高的目的。

评选工作是居民群众自己的事情,要发动居民群众自己去做。在具体组织领导这项工作的时候,必须相信群众,依靠群众。无论是具体进行评比,还是酝酿提名,都要发扬民主,走好群众路线。要认识到,广大居民群众对各个居民组织及其工作人员的接触,是最为直接、频繁的,哪个组织先进,哪个工作人员先进,他们平时已经有了了解。只要认真引导群众积极参加评选活动,使他们熟悉评选条件,正确运用这个尺度来衡量街道工作,就一定会圆满地选拔出为群众所真心热爱的先进居民组织和先进工作人员,就一定能够通过评选工作,壮大街道积极分子队伍,充分调动他们的工作积极性,使我市街道工作出现一个新的局面。

【选自《天津政报》1962 年第 23 期】

天津市关于评选先进居民组织和
居民组织中先进工作人员的意见①

为了进一步调动居民组织及其工作人员的工作积极性,提高和改进街道居民工作,树立先进旗帜,使居民组织及其工作人员在社会主义建设事业中发挥更大的作用,决定在今年底以前,按区评选先进居民组织和居民组织中的先进工作人员。为此,特提出各区评选先进居民组织和先进工作人员的意见如下。

一、评选范围

(一)先进居民组织。包括居民委员会(家属委员会)、治安保卫工作委员会及调解工作委员会。

(二)居民组织中的先进工作人员。包括上述组织中的主任、委员、工作委员会委员、组长及干事。

二、评选条件

(一)先进居民组织。凡组织健全、团结合作、坚持集体领导、充分发扬民主并具有下列条件之一者,即可当选为先进居民组织:

1.完成中心工作卓有成效,主要工作成绩显著的;

2.能及时反映居民的意见和要求,并积极办理群众的公共福利,深受群众欢迎的;

3.认真贯彻政府的政策、法令,教育居民爱国守法,积极响应政府号召,在开展居民政治思想教育方面有显著表现的;

4.在贯彻执行单项任务中成绩突出的。

(二)居民组织中的先进工作人员。凡遵守国家政策法令,作风正派,群众拥护,热心为居民服务并具有下列条件之一者,即可评为先进工作人员:

---

① 原文标题为《关于评选先进居民组织和居民组织中先进工作人员的意见》。

1.工作积极负责,关心群众,体贴群众,有显著成绩的;

2.耐心帮助别人,作风民主,密切联系群众,有明显成绩的;

3.在各项工作中认真负责,正确宣传贯彻政策法令,并能以身作则、以实际行动带动群众,有明显成绩的;

4.在执行单项任务中成绩突出的。

三、评选的具体做法

(一)广泛地开展思想动员工作。首先召开居民组织的全体积极分子大会,报告评选意义、目的,评选条件、具体做法以及对评选工作应持的态度等,然后组织学习讨论,领会评选意义,明确评选的具体做法。

(二)自下而上、上下结合地酝酿提名。先进居民组织可以先由各个组织单独酝酿提名,然后提交居民组长联席会议研究讨论,也可以由居民组长联席会议直接酝酿提名。

先进工作人员可以先由居民委员会酝酿提名,然后提交居民组长联席会议研究讨论;也可以由居民组长联席会议直接酝酿提名。

经居民组长联席会议研究讨论的先进居民组织与先进工作人员的酝酿名单,在征求居民群众的意见后,提交全街居民组织负责人的联席会议审查,最后确定全街先进居民组织与先进工作人员的初步名单,报区评选领导机构批准。

评选工作是一项十分细致复杂的工作,直接联系到居民组织及其工作人员工作积极性的进一步调动问题,必须认真做好。因此,各区、街必须加强领导,强调按评选条件办事,自始至终加强思想教育,注意增进团结,切实发扬民主,听取群众意见,走群众路线;实事求是,防止急躁、草率、虚假和感情用事的现象发生。

为了做好这一工作,各区还应认真地做好各准备工作。全面总结一年来的街道工作情况;测算居民组织及其工作人员的受奖面,草拟具体的工作计划;并应事先选择一两个重点先行一步,进行试点,以便摸索经验,指导全面。

四、名额分配

各区先进居民组织的名额,可按全区居民委员会(家属委员会)、治安保卫委员会、调处委员会总数的15%~25%掌握,以平均不超过这三个组织总数的20%为宜;居民组织先进工作人员的名额,各区可按照每个居民区最多不超过五人的标准自行研究确定。

五、奖励

评选工作完毕后,各区可分别召开先进居民组织和先进工作人员奖励大会。会上表扬先进事迹,交流工作经验,奖励先进居民组织和先进工作人员。

奖励可分荣誉奖与物质奖两种。荣誉奖以颁发奖状为宜;物质奖可根据当前市场供应情况研究办理,避免奖励目前供应紧张的商品和凭证供应的物资。

奖励大会的经费由居民委员会(家属委员会)在逐月积累的奖励金中开支,不再另造预算。各项开支必须贯彻勤俭节约的原则,遵守财务开支的有关规定和制度。

六、组织领导

为了加强这一工作的领导,各区可吸收公安分局、区法院、区工会等有关单位组成"评选先进居民组织和先进工作人员委员会"或领导小组,主持评选工作。各街道可由街道办事处和公安派出所等单位组成评选小组,具体推动评选工作。

七、评选时间

这一工作一般在年前评选完毕,并召开奖励大会,至迟不晚于明年1月上旬。

【选自《天津政报》1962年第23期】

天津市城市居民委员会工作纲要(草案)

《天津市城市居民委员会工作纲要(草案)》已经人民委员会同意,并于 1962 年 11 月 24 日通知各区、各街办事处试行。通知中要求各区和街办事处把试行这个纲要中存在的问题和改进意见,搜集汇总起来报告市人民委员会。

为了充分发挥市居民组织在社会主义建设事业中的作用,在总路线、大跃进、人民公社三面红旗的指引下,进一步做好街道居民工作,使居民组织的工作人员在组织上、思想上、行动上有所遵循,根据《城市居民委员会组织条例》和我市居民工作的实际情况,特制订本工作纲要。

(一)居民委员会的性质和组织规模

1.居民委员会是在区人民委员会派出机关——街道办事处——指导下的群众自治性居民组织。它是居民政治生活和经济生活的基层组织,是密切政府和群众联系的桥梁,是政府完成有关居民行政工作的有力助手。

2.居民委员会的组织对象是本市有常住户口的居民,主要工作对象是街道居民和职工家属。

3.居民委员会要按照居民的居住情况、自然条件、风俗习惯,并参照公安派出所民用工业区设立。一般以 300 至 500 户为宜,最多不超过 600 户。居民委员会下设居民小组,居民小组一般由 15 至 40 户居民组成。一般的居民委员会,以居民小组 7 至 13 个为宜,最多不超过 17 个。

4.少数民族聚居的地区,可以单独成立居民委员会或者居民小组;职工家属集居区和较大的集体宿舍,可以设立职工家属委员会,兼任居民委员会的工作。

5.工厂、企业、机关、学校等单位一般不参加居民委员会,但应遵守居民委员会有关居民公共利益的决议和公约。

6.居民中的被管制分子和其他被剥夺政治权利的分子,应该编入居民小组,但不得担任居民委员会委员、干事、组长和工作委员会的委员等职务。在必要的时候,居民小组长有权停止他们参加居民小组的某些活动和会议。

（二）居民委员会的任务

1.宣传贯彻政府政策法令,加强对居民的政治思想教育,不断地提高他们的政治思想觉悟。

2.积极地向政府反映居民群众的意见和要求。

3.管理居民的公共福利设施,根据居民生活的需要与可能,联系生活门路,组织居民参加各种生产和生活服务事业。

4.开展拥军优属活动,关心烈军属、孤老户的生活,做好救济户评议工作。

5.开展勤俭持家和社会节约的活动,教育居民正确对待国家商品供应政策,帮助居民安排生活,过好日子。

6.开展爱国卫生运动,宣传卫生常识,发动群众除四害,预防疾病,推动里巷清扫保洁工作,做好环境卫生。

7.推动私有危房的修缮。

8.领导群众性的治安保卫工作,调解居民纠纷。

9.指导散居少年儿童的组织教育工作。

10.协助有关部门做好有关居民工作。

（三）居民委员会的组织设置

1.居民委员会的工作人员要以劳动人民及其家属为主体,适当吸收其他阶层的代表性人物参加。工作人员的条件是:(1)拥护共产党,走社会主义道路;(2)历史清楚,作风正派;(3)群众拥护,热心为居民服务。

2.居民委员会委员一般以7至11人为宜,最多不超过13人,并在居民小组正、副组长会议上选举产生。当选的委员可以是组长,也可以是组长以外的居民。每个居民小组不一定都有委员,也可以有多于一个委员。委员产生后,由委员互推主任1人,副主任1至3人。组长被选为委员后,委员不再兼任组长,由副组长递补,另选副组长。居民小组设组长1人,副组长1至2人。

3.居民委员会的正主任负责全面工作,副主任协助主任工作;委员按公共福利、治安保卫、优抚救济、文教卫生、调解等业务结合分片包干的办法进行分工。居民委员会可以根据工作需要聘请若干人协助工作。

4.居民委员会下设治安保卫工作委员会,一般设委员3至5人,最多不超过7人,受居民委员会领导,并接受公安派出所的指导。必要时,居民委员会下也可以设调解工作委员会。

5.居民委员会的副主任应有一人兼任治保会的主任。居民委员会的工作人员要尽可能做到一人一职,最多不超过两职,以免工作负担过重。

6.居民小组长应做好小组的以下工作:(1)宣传、贯彻党和政府的政策、法令,发动小组成员响应党和政府的号召;(2)掌握小组情况,反映居民的意见和要求;(3)传达居民委员会有关的决议和规定;(4)发动小组居民搞好环境卫生、院户治安、邻里团结、勤俭节约等工作;(5)组织小组学习、读报、收听广播、交流经验和调解纠纷;(6)组织居民购买生活物资和领取各种票证。

7.居民委员会每届任期一年。居民委员会委员因故不能担任职务的时候,可以随时改选或者补选。

(四)居民委员会的工作方法和工作作风

1.居民委员会应本着"集体研究,分工负责,主次分清,密切协作"的精神办理有关居民工作。

2.居民委员会要采取按业务分工结合分片包干的工作方法。

3.居民委员会必须坚决依靠群众,根据群众自愿,充分发挥居民群众的智慧和力量,做好工作。

4.居民委员会必须一切从实际出发,实事求是,深入细致地调查研究。做到事事有根据,有群众基础。

5.居民委员会的工作人员要做到:(1)模范地遵守国家政策法令;(2)勤勤恳恳、老老实实地为居民办事;(3)立场坚定,坚持原则;(4)办事公正,作风民主;(5)实事求是,如实反映情况;(6)坚持团结,克己让人。

(五)居民委员会的活动原则和工作制度

1.居民委员会必须严格遵守党和政府的各项政策、法令和规定,按照政策办事。

2.居民委员会的组织原则是民主集中制。必须充分发扬民主,加强集体领导;坚持少数服从多数的原则,遇事共同商量决定。做到统一认识,统一思想,统一步调,统一行动。

3.居民委员会采取"有事就办,无事即散"的活动方式。

4.未经街道办事处的布置,居民委员会可以拒绝参加任何部门召开的会议和其他活动。

5.居民委员会要建立会议制度,如主任碰头会、全体委员会、全体工作人员会等。通过会议研究、安排和总结工作。

6.居民委员会每半年要总结一次工作,并向全体居民报告工作,征求意见,听取批评建议,改进工作。

7.居民委员会要建立学习制度,经常学习毛主席著作,学习党和政府有关的政策法令,学习业务知识,不断地提高政治思想觉悟和业务水平。居民委员会可以建立经常的和临时性的工作制度,如单项业务的检查制度、评比制度等等。

(六)居民委员会的经费开支

1.居民委员会的公杂费由市财政部门统一拨发。居民委员会工作人员均为义务职,可以享受政府规定的有关居民委员会工作人员的生活补助和其他福利待遇,参加和接受评奖。

2.居民委员会办理居民的共同福利事项所需的费用,经区人民委员会批准,可以按照自愿原则向有关居民进行筹募。除此以外,不得向居民进行任何募捐或筹款。居民委员会办理共同福利事业的款项,非经有关居民同意不得改作他用。

筹募共同福利款项和开支账目,应定期或在事情办理完毕以后及时公布。

【选自《天津政报》1962年第23期】

天津市城市街道办事处工作纲要(草案)

　　《天津市城市街道办事处工作纲要(草案)》已经市人民委员会同意,并于1962 年 11 月 24 日通知各区、街办事处试行。通知中要求各区和街办事处将这个"纲要"试行中所存在的问题及改进意见搜集汇总起来,报告市人民委员会。为了便于基层干部学习和贯彻执行,本报特予转载。

　　为了加强城市居民工作,密切与人民群众的联系,便于组织和发动群众,贯彻党和政府的政策、法令,在总路线、大跃进和人民公社三面红旗的指引下,调动街道各方面的积极因素,更好地为社会主义建设服务,根据《城市街道办事处组织条例》的规定,结合我市的具体情况和经验,特制订本工作纲要。

　　一、街道办事处的性质和组织规模

　　(一)街道办事处是市内区人民委员会的派出机关。它在区人民委员会的直接领导下,承担和办理与人民群众有关的行政工作,并负有指导居民委员会以及反映居民的意见和要求的责任。

　　(二)街道办事处的工作对象是本街道范围内的居民。至于地区性的行政工作,街道办事处可根据上级政府的规定,对本管界内的工厂、企业、机关、学校等单位进行监督与检查,但无权干涉其业务。

　　(三)街道办事处应当选择历史清楚,作风正派,拥护共产党,走社会主义道路,群众拥护,热心为居民服务的职工家属和街道居民作为积极分子。通过他们,团结群众,教育群众,带动群众前进。

　　(四)街道办事处的管辖区域应当根据街道的自然形状、居民的社会联系,以便利群众、便利工作、不跨公社、辖区不宜过大的原则确定。在现阶段,街道办事处的辖区人口规模以三四万人为宜。街道繁华、人口密度较大的地区,人口可适当多些;工厂集中、人口密度较小的地区,人口可适当少些。街道办事处管辖区域一般应与公安派出所管辖区域一致。

　　(五)街道办事处应当根据工作繁简和辖区大小配备干部。一般可配备干部 6～11 人,其中设主任 1 人,负责掌握全面工作;必要时,可设副主任 1 人,协助主任工作。街道办事处的干部按内勤和外勤分工。内勤一般按卫生、民政、日常行政工作和中心运动等业务进行分工;外勤按片分工,负责分工区域内的居民区工作。

二、街道办事处的工作任务

(一)宣传党的方针、政策和国家的法律、法令,动员群众积极响应党和政府的号召;对居民进行政治思想教育,提高广大群众的社会主义觉悟。

(二)做好民政工作。掌握救济户的生活困难情况,动员群众照顾好孤老户的生活,做好救济款的发放工作;对有劳动力的救济户,联系有关部门组织生产自救;组织群众开展拥军优属活动;对烈军属进行发扬革命光荣传统的教育;办婚姻登记,宣传婚姻法。

(三)组织与领导群众开展爱国卫生运动。推动全域性的除四害、讲卫生工作;采取积极有效的措施,预防和控制各种传染疾病的流行;发动群众坚持清扫保洁制度,经常地保持街道和里巷的环境卫生和市容整洁。

(四)推动私人危房的修缮工作。切实贯彻政府的房屋管理政策,发动私有房主修缮危险房屋,修换危险设备,确保市民的居住安全。

(五)指导居民委员会的工作。帮助居民组织建立工作制度,改进工作方法,提高工作效率;定期整顿与健全居民组织,充分发挥其应有的作用;培养和选拔积极分子,不断扩大积极分子队伍,关心他们的工作和生活,充分调动他们的工作积极性,做好街道工作。

(六)做好地区性的中心工作。

(七)组织街道居民参加文化学习,负责失学失业青少年的组织、教育工作;开展社会文化宣传,推动群众文化娱乐活动。

(八)领导区域内的民办事业;帮助居民委员会组织街道居民参加副业生产和加工性生产。

(九)组织本街区人民代表进行联系选民活动;经常性注意搜集居民对政府工作的意见和反映。

(十)协助有关部门完成有关居民的行政工作。

三、街道办事处的工作作风和工作方法

(一)街道办事处干部要树立为人民服务的思想,当好人民的勤务员。要十分关心群众的切身利益,处处为群众着想;要坚持民主作风,遇事同群众商量。

(二)街道办事处的干部,必须遵守"党政干部三大纪律、八项注意"。三大纪律是:如实反映情况,正确执行党的政策,实行民主集中制。八项注意是:参加劳动,以平等的态度待人,办事公道,不特殊化,工作要同群众商量,没有调查,就没有发言权,按照实际情况办事,提高政治水平。

(三)街道办事处要善于运用群众路线的工作方法。要相信群众,依靠群众,深入到群众中去,倾听群众的意见和要求,集中群众的智慧和力量;然后再回到群众中去进行反复的宣传、解释和耐心的说服教育,把党和政府的政策变成群众自觉的行动。

(四)街道办事处的干部应具有实事求是的工作作风,要一切从实际出发,认真地做好调查研究。应当把调查研究作为做好一切工作的基础。各项工作都要做到情况明、底数清、方法对头。

(五)街道办事处在推动工作的时候,要坚持说服教育的原则,尊重群众的意见,启发群众的自觉,不要操之过急,勉强从事。

(六)加强工作的计划性,认真地总结工作经验。根据任务的轻重缓急、时间要求,要有长计划、短打算,有计划、有步骤地进行工作。定期地总结工作,吸取经验教训,不断地提高干部的思想水平和工作能力。

(七)充分发挥居民组织的作用。街道办事处的干部要善于指导和帮助居民委员会进行工作,为居民委员会出主意、想办法,当好参谋,培养其自治能力,发挥其组织作用。

(八)定期对居民组织及其工作人员进行评选和奖励,以树立先进旗帜,交流工作经验,激励积极分子的工作积极性,不断地提高街道工作水平。

四、街道办事处的工作制度

(一)街道办事处必须建立与健全必要的工作制度,保持正常的工作秩序。对区人民委员会规定的计划、总结、报告等制度,应坚决贯彻执行。

(二)街道办事处必须严格遵守请示报告制度。对有关政策性的问题和发生的重大问题,不要擅自处理,必须及时向区人民委员会请求、报告,按上级指示办理。

(三)街道办事处每半年应召开一次居民小组长以上的积极分子会议,在会议上报告居民工作,征求对街道办事处的工作意见,以便接受群众监督,改进工作。

(四)街道办事处每月应召开一次居民委员会主任会议,安排居民区的工作,交流工作经验,检查居民委员会的工作。

(五)街道办事处每月要召开一次会议,每周应开一次碰头会,主要是汇报、总结、研究、安排工作。

(六)街道办事处要坚持每月开一次生活检讨会的制度,开展批评与自我批评,检查政策执行、工作作风、联系群众等方面的情况。

(七)街道办事处要坚持学习制度,不断地提高干部的理论水平和政策水平。

(八)街道办事处在假日要建立值班制度,办理群众急需解决的事情。

五、部门关系

(一)街道办事处的工作统一由区人民委员会安排,非经区人民委员会的批准,区属各部门不得直接向街道办事处布置任务。

(二)区人民委员会所属各部门对街道办事处的有关工作,是业务指导关系;区人民委员会统一安排了街道办事处的工作之后,各部门可按业务分工,对街道办事处的工作进行督促检查和业务指导。

(三)街道办事处与街的有关部门应建立定期的联系制度,统一研究和安排街道居民工作,解决工作中的问题。

(四)在中心工作中,街道办事处可根据上级政府的指示,和街的有关部门共同组成临时组织,明确分工,密切配合,保证中心任务的完成。

(五)在日常工作中,街道办事处与街的有关部门密切配合,加强协作,并积极协助它们完成有关居民的工作任务。

【选自《天津政报》1962 年第 23 期】

天津市关于不要乱向群众
索取街道办事处证明的报告①

关于街道办事处开具证明文件的职权范围问题,市人民委员会于今年2月间已经作了明文规定(见1962第4期《天津政报》)。但是,目前仍有一些单位在工作中随意向群众索取不必要的或街道办事处不好开具的证明文件。例如,居民丢失了副食本、工业本、煤本,或者变卖自己的衣服以及到车站提取自行车等,有些管理部门就向其索要街道办事处的证明;甚至居民购买几块玻璃,也要街道办事处开证明。西营门外福安里居民李凤鸣想买三块玻璃,由于没有街道办事处证明,结果跑了四天没买成。这样,不仅加重了街道办事处无为的负担,还给群众增加了麻烦。我认为这样做是很不妥当的。希望各有关部门认真按照市人委的通知办事,切实改进这种随意索要证明的脱离群众的作风。

【选自《天津政报》1962年第23期】

---

① 原文标题为《不要乱向群众索取街道办事处证明》。

1963

上海市街道办事处工作条例试行草案

（1963）

第一章　总　则

第一条　为了加强城市居民工作,进一步密切政府与群众的关系,调动一切积极因素为工农业生产服务,推动城市的社会主义建设和社会主义改造,特参照1954年12月全国人民代表大会常务委员会通过的《城市街道办事处组织条例》,结合本市具体情况制定本条例。

第二条　街道办事处的工作对象主要是街道里弄居民。街道办事处必须根据党的方针政策和国家法律法令,加强对里弄委员会的指导和帮助,加强对居民进行兴无灭资、移风易俗的教育,发扬社会主义的新道德、新风尚,不断提高居民的觉悟和组织程度,使广大居民积极响应党和政府的号召,完成各项任务,把街道里弄真正改造成为一个巩固的社会主义阵地,更好地为社会主义发展建设服务。

第三条　街道办事处在工作中必须坚决贯彻阶级路线,认真依靠工人阶级和有觉悟的劳动人民,依靠各种组织力量的协作配合,把政治可靠、觉悟较高、工作积极、作风正派的退休老工人和职工家属组织起来,通过他们团结里弄各阶层居民,共同做好里弄各项工作,保证里弄工作沿着社会主义的方向前进,并且教育居民提高革命警惕性,配合有关方面加强对敌斗争,加强对一切违法犯罪活动的斗争,维护社会秩序,巩固人民民主专政。

第四条　街道办事处工作干部必须严格遵守党政干部"三大纪律八项注意"。三大纪律是:(1)认真执行党中央的政策和国家的法令,积极参加社会主义建设;(2)实行民主集中制;(3)如实反映情况。八项注意是:(1)关心群众生活;(2)参加集体劳动;(3)以平等态度对人;(4)工作要同群众商量,办事要公道;(5)同群众打成一片,不特殊化;(6)没有调查,没有发言权;(7)按照实际情况办事;(8)提高无产阶级的阶级觉悟,提高政治水平。

第二章　　性质与任务

第五条　街道办事处是区人民委员会的派出机关,受区人民委员会、街道党委的领导。它的主要任务是:

(1)了解群众的意见和要求,指导里弄委员会的工作;

(2)配合有关部门对居民进行思想政治教育,动员居民积极响应党和政府的号召,完成各项中心任务;

(3)根据上级政府规定,负责领导管理街道里弄集体事业的有关工作;

(4)安排居民经济生活,做好优抚救济工作;

(5)组织居民开展业余文化教育活动,发动群众做好爱国卫生工作;

(6)根据上级政府规定,对地区劳动力进行管理调配,做好减少城镇人口工作;

(7)配合有关部门做好群众性治安保卫和调解工作;

(8)承办市、区人民委员会交办的其他有关居民的工作。

第三章　　组　　织

第六条　街道办事处的管辖区域应该从便于联系群众、便于开展工作出发,根据街道地形、居民居住情况和经济特点等确定。在现阶段,街道办事处的管辖区域一般以五万人至六万人为宜;地大人少或者地小人多的地区,可以根据实际情况,划得更小一些或者稍大一些。街道办事处的管辖区域,应该同公安派出所管辖区域一致。

第七条　街道办事处的设立、合并、撤销,应该由区人民委员会报经市人民委员会批准。

第八条　街道办事处设主任1人,副主任1至2人,其他人员若干,都由区人民委员会调配、任免。主任负责掌握全面工作,副主任协助主任进行工作。

第九条　街道办事处应该根据工作需要,按照下列专业进行分工:

秘书工作方面,负责指导里弄委员会的组织建设,综合情况,起草计划、总结,管理财务和文书档案,处理人民来信来访和其他日常工作。

生活服务方面,负责协助有关部门安排人民经济生活,做好拥军优属和社会救济工作,根据上级政府规定,负责街道里弄生活服务集体事业的有关工作。

劳动生产方面,根据上级政府的有关规定,负责管理、调配地区劳动力和减少城镇人口等工作。

文教卫生方面,负责对居民进行宣传教育,组织居民开展业余文化教育和文娱体育活动,发动居民做好爱国卫生集体事业的有关工作。

上述各项专业分工,可以设组和组长,也可以不设组和组长,由某些主任、副主任分别掌管。街道办事处为了进行中心工作或者完成业务任务,还可以根据需要,统一安排力量,组织临时性的工作组。

第四章　工作作风和工作方法

第十条　里弄街道办事处干部必须认识街道工作的重要性,树立全心全意为人民服务的思想,发扬艰苦奋斗的优良传统,鼓足干劲,积极努力,勤勤恳恳、踏踏实实地完成各项任务。

第十一条　街道办事处在各项工作中,必须坚持实事求是的精神,运用阶级分析的方法,加强调查研究,掌握居民的基本情况,把调查研究作为做好一切工作的基础,以便切实有效地进行工作,防止主观片面、脱离实际。

第十二条　街道办事处必须认真贯彻群众路线的工作方法,树立坚强的阶级观点和群众观点,防止产生事务化和机关化的工作作风。在各项工作中,要虚心倾听群众的意见和要求,集中群众的智慧和力量,在群众中深入进行宣传教育,把党和政府的政策法令转换为群众的自觉行动。对于里弄委员会和居民反映的情况和意见,重要的应该迅速综合上报,凡是能够办到的必须及时会同有关部门认真研究,迅速处理;对于一些不能解决的问题和某些不合理的要求,要对群众耐心地进行说服、解释。

第十三条　街道办事处必须建立集体领导和分工负责相结合的制度。凡是重大事项,都应该经过集体讨论,明确分工要求,确定步骤方法,然后由有关人员认真负责,分送进行。同时,要加强相互之间的协作配合,防止互不联系、各行其是。

第十四条　街道办事处对于各个时期的工作,必须分清轻重缓急,妥善处理中心工作和经常工作的关系,统筹兼顾,全面安排,有计划、有步骤地进行。要善于抓两头、带中间,由办事处的主要干部深入一两个里弄,了解工作情况,帮助总结经验,改进和提高里弄委员会的工作,充分发挥里弄委员会教育和组织居民的作用,但要防止分块包干、包办代替的做法。

第十五条　街道办事处在各项工作中,必须坚持政治挂帅,把行政工作与思想政治工作密切结合起来,通过实际工作和学习,不断提高干部的思想政治水平和政策业务水平。

第五章　工作制度

第十六条　街道办事处必须建立和健全必要的工作制度,保证正常的工作秩序,对于市、区人民委员会规定的计划、总结、请示、报告等制度,必须坚决贯彻执行。

第十七条　街道办事处应该根据工作需要,定期召开里弄委员会主任会议或者工作委员会主任会议,研究工作,交流经验。应该定期召开积极分子会议。报告有关居民工作的情况,征求他们对街道办事处工作的意见,接受群众监督,不断改进工作。

第十八条　街道办事处应该定期召开处务会议(主要干部参加,一般每星期一次)和干部会议(全体干部参加,每月至少一至二次)。在这些会议上,除了汇报和安排工作以外,至少每季要过一次民主生活,开展批评与自我批评,检查执行政策、联系群众的情况和工作作风,相互帮助,共同提高。

第十九条　街道办事处应该根据地区工作的具体情况建立街道居民工作需要的值班制度,及时办理居民迫切需要解决的问题。

第六章　工作关系

第二十条　街道办事处的工作由区人民委员会统一安排,街道办事处对市、区人民委员会统一布置下达的艰巨任务,必须积极负责地办理。如果某些工作布置和本地区的具体情况有出入,在执行上有困难,应该主动及时地向上级领导机关反映,请示处理。

第二十一条　市、区人民委员会所属各工作部门应该就自己业务范围内的有关街道里弄居民的工作,对街道办事处进行指导、帮助。对于重要的政策法令和重大行政措施的发布、决定和变更,应该及时通过街道办事处进行。对于应该自行办理的行政业务,要直接办理,不要下放到街道办事处承办;如果确实需要街道办事处协助,应该报经市、区人民委员会审查同意,统一布置下达,不得径自向街道办事处布置任务。如果需要召开街道办事处主任会议,应该报经区长同意;召开办事处其他干部会议,应该征得区人民委员会地区工作办公室同意。

第二十二条　凡是市、区人民委员会统一布置的有关街道里弄居民的中心工作、突击任务，以及全市性、全区性的重大措施，街道办事处应该及时向街道党委汇报，在街道党委的统一领导下，组织街道有关方面的力量，统筹安排，贯彻实施，及时研究解决工作中的问题。

第二十三条　街道办事处应该和街道有关业务部门，如粮油管理所、房屋管理局、公安派出所等，建立定期的联系制度，统一研究和安排有关居民的工作。对本地区工厂、企业、机关、学校等单位有关地区性的行政工作，街道办事处有监督检查的责任。

第二十四条　街道办事处应该加强同有关群众团体的联系配合。街道群众团体的工作，一般应该通过本系统贯彻执行，如果确实需要街道办事处协助，应该报经区委、区人委统一布置下达。街道办事处对于经过区委、区人委统一布置下达的任务，应该积极协助进行。街道办事处需要街道有关群众团体协助的工作报请街道党委统一布置，不应径自向群众团体交办任务。

上海市里弄委员会工作条例试行草案

(1963)

第一章　总　则

第一条　为了加强里弄居民工作,进一步提高里弄居民的觉悟和组织程度,调动一切积极因素为工农业生产服务,推动城市的社会主义建设和社会主义改造,特参照 1954 年 12 月全国人民代表大会常务委员会通过的《城市居民委员会组织条例》,结合本市具体情况制定本条例。

第二条　里弄是城市各阶级、各阶层人们的生活场所,是社会主义生产建设的后方,也是社会主义思想建设的一个重要阵地,里弄委员会必须在党和政府的领导下,高举总路线、大跃进、人民公社三面红旗,加强对里弄居民的思想政治教育,使绝大多数居民成为热爱祖国、热爱共产党、热爱社会主义、热爱劳动、遵守国家法律法令、具有共产主义品质的公民,并且逐步把现有里弄改造和建设成为团结互助、勤俭朴素、整洁愉快、发扬社会主义道德风尚的新里弄。

第三条　里弄委员会必须坚决实行民主集中制。凡是有关居民重大问题的,应该在群众中充分酝酿,广泛听取群众的意见。里弄委员会所属各工作委员会和居民小组对于里弄委员会的决议,应该认真贯彻执行,并且及时汇报执行情况。

第四条　里弄委员会在工作中必须坚决贯彻阶级路线,认真依靠工人阶级和有觉悟的劳动人民,依靠各种组织力量的协作配合,把政治可靠、觉悟较高、工作积极、作风正派的退休老工人和职工家属组织起来,通过他们团结里弄各阶层居民,共同做好里弄各项工作,保证里弄沿着社会主义的方向前进,并且教育居民提高革命警惕性,配合有关方面加强对敌斗争,加强对一切违法犯罪活动的斗争,维护社会秩序,巩固人民民主专政。

第二章　性质与任务

第五条　里弄委员会是群众自治性的居民组织,它的主要任务是:

(1)密切联系居民,及时向政府或者它的派出机关反映居民意见和要求;

（2）教育居民提高社会主义觉悟，遵守政策法令，动员居民积极响应党和政府的号召，完成各项中心任务；

（3）关心居民生活，办好有关居民的公益事项，做好拥军优属工作；

（4）开展文教卫生工作，根据需要和可能动员居民参加生活劳动；

（5）领导群众性的治安保卫工作；

（6）调解居民间的纠纷。

第六条　里弄委员会应该经常深入居民群众，了解他们的生活情况和思想情况，及时把他们的意见和要求反映给政府工作报告或者它的派出机关。有关单位要认真研究、处理这些意见：凡是能够解决的，尽快解决；凡是不能解决的，进行说服、解释。

第七条　里弄委员会应该在党的领导下，会同里弄妇女、青年等组织，经常深入地向居民进行阶级斗争的教育、国内外形式任务的教育、党的方针政策和国家法律法令的教育，以及社会主义、爱国主义、国际主义的教育和勤俭建国、勤俭持家、共产主义道德品质的教育。对于社会主义青少年还要加强革命传统教育和前途教育，不断提高居民的社会主义觉悟，在广大居民群众中巩固社会主义思想阵地。

第八条　里弄委员会应该经常关心居民的生活，教育居民精打细算，勤俭持家，过好日子；根据需要和可能，办好居民公益事项；教育居民保护公有房屋和附属设备，关心居民的居住安全。对于生活比较困难的居民，要发扬邻里互助精神，帮助他们解决一些可以解决的问题，或者及时向街道办事处和有关单位反映，进行必要的安排和救济。

第九条　里弄委员会应该经常关心烈军属的生活，教育居民尊重和关怀、爱护他们，树立一人参军、全家光荣的拥军优属思想，要协助有关部门优先安排他们参加生活劳动，或者进行必要的补助。对于年老病弱、没有亲属照顾的烈军属，要发动邻里居民自觉地帮助料理一些生活事务，使他们得到妥善照顾。对于现役军人家属，要加强思想政治工作，教育他们树立光荣感，积极鼓励在部队的亲人安心服役、保卫祖国。

第十条　里弄委员会应该经常关心居民的身体健康，发动居民群众，深入开展以除害灭病为主要内容的爱国卫生运动，努力做好环境卫生、家庭饮食卫生、个人卫生、传染病报告和动员居民参加各种预防注射等工作，发扬以讲卫生为荣、不讲卫生为耻的社会风气，提高居民的健康水平。要在有关部门的指导下，动员居民积极参加文化学习，根据需要和可能举办一些有益身心的小型文娱活动,活跃居民的文化生活。

第十一条　里弄委员会应该经常了解闲散劳动力的情况,根据需要和可能,配合有关部门动员和输送有条件的居民参加生产劳动或者某些临时性的工作。要配合有关部门动员有条件的居民回乡生产或者去外地落户,回乡参加农业生产或者支援外地建设。

第十二条　里弄委员会应该根据市人民委员会的规定,对有关集体事业进行领导管理或者协助有关部门进行必要的工作。

第十三条　里弄委员会应该做好群众性的治安保卫工作,经常教育居民提高革命警惕性,协助公安部门维护社会治安。对于某些集体染有不良行为的青少年,要配合学校、公安部门和家长进行管教;对于严重危害社会治安、违反政策法令、损害公共利益的人,要及时揭发检举;对于残余反革命分子和没有改造好的地主分子、富农分子、坏分子,以及资产阶级右派分子,要配合有关部门,掌握他们的思想情况和行动表现,健全监督小组,加强对他们的监督改造,防止一切阴谋破坏活动。

第十四条　里弄委员会应该经常在居民中进行法律法令和团结和睦的宣传教育。对于居民之间一般的民事纠纷和轻微刑事案件,要根据党的方针政策和国家法律法令,给予公平合理的调解;并全面积极协助司法机关开展法纪教育,反映有关诉讼案件的情况和居民群众对于案件处理的意见。

第三章　组　　织

第十五条　里弄委员会的设置,应该根据地形条件和居民生活习惯,并且尽可能地保证公安户籍管辖区域的完整。里弄委员会的范围,一般以 1000 至 1200 户为宜,地大人少或者地小人多的地区,可以根据实际情况,划得更小一些或者稍大一些。

第十六条　里弄委员会由居民选举委员 9 至 17 人组成,由委员互推主任 1 人,副主任 2 至 4 人。

里弄委员会根据工作需要,可以设立生活服务、劳动生产、文化教育卫生、治安保卫、人民调解等工作委员会;职工和职工家属集中的地区(如工人新村),可以增设职工家属工作委员会。各工作委员会由居民或者居民小组长选举委员 5 至 13 人组成,设主任 1 人、副主任 1 至 2 人,由里弄委员会副主任、委员兼任,或者由工作委员会委员互推。

第十七条　里弄委员会下设居民小组,其范围一般以 30 户左右为宜,居民小组设组长 1 人,副组长 1 至 2 人,由居民选举产生。居民小组长如果当选为里弄委员会委员,则可以另选组长。

第十八条　居民中的被管制分子和其他被剥夺政治权利的分子,应该被编入居民小组;在必要的时候,里弄委员会可以根据政府有关指示,停止他们参加某些会议。

第十九条　里弄委员会、工作委员会和居民小组的干部每届任期一年。在任期内,如果有违法乱纪行为或者因为其他事故不能担任职务,经过原选举单位的居民讨论,可以随时撤换,或者进行补选。

第四章　干　部

第二十条　里弄委员会、工作委员会和居民小组的干部(以下简称里委干部)都是从居民群众中选举出来为居民服务的积极分子。里委干部应该由历史清楚、政治可靠、作风正派、办事公道,能够联系、遵守法令,并且有一定活动能力的人担任,同时,要根据他们的身份、年龄、家务劳动等情况,给予适当照顾,尽可能减少兼职。

第二十一条　所有里弄干部都必须严格遵守下列守则:

(1)积极响应党和政府的号召,正确执行政策法令;

(2)有事同大家商量,实行民主集中制;

(3)工作从实际出发,如实反映情况;

(4)密切联系群众,关心群众生活;

(5)办事公道,不徇私舞弊;

(6)以平等态度对人,不特殊化;

(7)加强团结,顾全大局;

(8)努力学习,提高阶级觉悟。

里弄委员会对于里委干部执行守则的情况,应该经常了解、定期检查。对于认真执行守则的好人好事要给予表扬;对于违反守则或者执行得不好的,要进行教育帮助。

第二十二条　区人民委员会和街道办事处应该经常关心里委干部的生活,注意劳逸结合,保证他们有足够的时间料理家务和休息;要帮助他们进行政治和文化学习,不断提高政治水平和文化水平。里弄主要干部要给予一定的生活津贴,如果生活上有特殊困难,应予以适当补助。里弄干部对政府部门的工作可以随时提出建议、批评,有关单位应该认真处理,并且作出答复。

第五章　工作方法

第二十三条　里弄委员会必须认真贯彻执行群众路线和群众方法,树立坚强的群众观点,相信群众,依靠群众,有事同群众商量,充分发动广大居民共同做好各项工作。要坚持实事求是的精神,加强调查研究,一切从实际出发,对于里弄的基本情况和居民的意见和要求,要做到心中有数,防止主观片面,脱离实际。

第二十四条　里弄委员会必须建立集体领导和分工负责相结合的制度。凡是工作中的重大事项,都应该经过委员会集体讨论,分轻重缓急,明确步骤和方法,然后由有关人员认真负责,分头进行。里弄委员会主任应该掌握全盘工作,副主任和委员可负责一项主要业务,具体掌管有关工作。对于各工作委员会,要加强领导,定期讨论和检查工作,加强相互之间的协作配合,防止各委员会间不联系,各行其是。

第二十五条　里弄委员会必须建立和健全必要的工作制度。里弄会议每月至少召开一次,讨论和检查工作;每半年应该召开一次居民大会或者各阶层居民代表会议、各积极分子会议,报告工作情况,听取群众意见。里弄委员会对于自己无权处理的涉及方针政策的重大问题,应该及时向街道办事处请示,不得擅自处理;对于工作中的重大问题,应该随时向街道办事处报告。应该根据里弄的具体情况,建立适合居民工作需要的作息制度。应该严格财务制度,不得擅自向居民征收款项。

第二十六条　里弄委员会应该同里弄妇女代表会议、共青团里弄支部密切配合,交流情况,互通声气,互相支持,共同做好里弄工作。

第六章　组织领导

第二十七条　区人民委员会必须通过街道办事处加强对里弄委员会的领导。要经常了解里弄的工作情况,及时帮助解决问题,定期检查评议,组织经验交流。对于各部门下放里弄协助进行的行政业务,要严格制度,统一布置下达,防止条条交办,造成里弄工作忙乱。

第二十八条　街道办事处必须根据区人民委员会的统一布置,加强对里弄居民工作的指导。要经常深入里弄,了解工作情况,帮助里弄委员会安排工作,解决问题。对于应该由自己办理的行政业务,要直接办理,不要下交给里弄委员会承办。

第二十九条　区人民委员会和街道办事处必须有计划地培养里弄干部。要定期举办训练班,对里弄干部进行形势任务、法令、工作方法、工作作风等方面的教育,帮助他们不断提高思想水平和工作水平。

第三十条　市、区人民委员会所属工作部门对于本部门业务内有关里弄居民的工作,必须加强对里弄委员会的帮助。应该由自己办理的行政业务要直接办理,不要下交给里弄委员会办;如果某些工作确实需要里弄委员会协助进行的,应该报经区人民委员会审查同意,统一布置下达,不得径自向里弄委员会布置任务。

杭州市关于居民委员会协助
催收房屋租金问题的通知^①

民王〔1963〕字第 0021 号　　杭房地〔1963〕字第 001 号

各区人民委员会办公室、民政科、房管所：

　　本市、区房管部门经管的公房和国家经租房屋,广大租户的住房租金,除部分系个别缴租外,绝大多数都是通过住户代表协助,汇总向房管部门集体缴付的。各街道办事处和居民委员会在协助房管部门督促租户按期缴付房租、爱护房屋,反映居民意见和要求等方面,做了不少工作。这说明国家以租养房政策的贯彻,和养成广大租户、住房缴租、勤俭持家的习惯,都取得了很大的成绩。但是在过去一部分租户代表系居民委员会的干部兼任,因此就会影响居民区的正常工作以及他们的日常家务劳动和身体健康。为了克服上述问题,兹将有关租户代表汇缴房租事项申述如下,请研究执行：

　　1.居民委员会是群众自治性的居民组织,各区房管所不得向居民委员会布置代收房租的任务。但是公房和国家经租房屋的租金是否能如期如数收起,又关系到国家的财政收入和房屋的维修保养。因此,街道办事处和居民委员会,应经常结合其他工作,对租户进行宣传教育。对于少数屡次不缴的租户,居民委员会也应协助房管部门和租户代表督促他们缴付。

　　2.租户代表是房管部门联系广大租户群众的纽带,租户集体汇缴房租,可充分发挥租户代表的作用。但居民干部一般不担任代收房租的租户代表,如果原来的居民委员会干部兼租户代表或原租户代表在这次改选居民委员会时新当选居民干部,街道办事处和居民委员会应及时协助区房管部门在居民中推荐经济、政治可靠,热心社会工作的租户担任代表,来接替他们的工作。

　　3.租户代表收房租是义务的。因此各区房管部门的工作人员应该改进工作作风,在他们前来缴付租金时应热情接待,不论租金多少,时间早迟,必须随到随办,不得借故推诿,加重他们的责任,耽误他们的时间。

---

　　①　原文标题为《关于居民委员会协助催收房屋租金问题的通知》。

以上意见在执行中如有问题，请及时告诉我们，以便研究改进。

杭州市民政局　杭州市房管处

1963 年 1 月 5 日

【由杭州市档案馆提供】

转发杭州市民政局、财政局《关于居民委员会经费开支问题的通知》①

上委办〔1963〕字第 7 号

各街道办事处:

　　兹将市民政局、财政局关于居民委员会经费开支问题的通知转发给你们。其中关于居民委员会干部生活补助费的批准手续问题,经本委研究,为了减少审批层次,使补助费发放得正确及时,对于定期补助款额每人每月在 10 元以下和临时补助款额每人每月在 15 元以下者,可由街道办事处主任批准,对于定期补助款额每人每月在 11 元以上和临时补助款额每人每月在 16 元以上者应报区人委批准。其他均按照通知规定执行。

　　附件:市民政局、财政局关于居民委员会经费开支问题的通知

杭州市上城区人民委员会

1963 年 1 月 7 日

关于居民委员会经费开支问题的通知

民王〔1962〕字 1706 号　　杭财行字第 790 号

各区人民委员会:

　　本市居民委员会的公杂费和居民委员会委员的生活补助费,目前在开支标准、使用范围、审批手续等的处理上不够一致。为了更好地解决居民委员会的实际困难,进一步调动居民干部的积极性,现特根据浙江省人民委员会 1956 年 11 月 6 日浙财〔1956〕字第 3944 号通知的精神,并结合本市具体情况,对经费开支等问题作如下规定:

　　一、居民委员会干部生活补助费

　　1.补助标准:城区每一居民委员会每月补助 15 元;郊区每一居民委员会

---

①　原文标题为《转发市民政局、财政局关于居民委员会经费开支问题的通知》。

补助 12 元。

2.补助对象:参加居民工作的居民委员会(不包括居民委员会下面工作委员会的委员)以上的干部,因参加居民工作而影响他们的生产,经营,以致生活发生困难或因人口多收入少,生活确有困难以及因病或其他不幸事故临时发生困难的,均可给予定期或临时的补助。

3.批准手续和使用方法:定期补助应经居民委员会评议,街道办事处审查、报区人委批准,评议时间半年一次,标准每人每月不超过 15 元。临时补助,由本人申请,街道办事处审查,报区人委批准。此项经费按街道办事处包干控制使用,不得超过,由街道办事处根据区批准补助数向区按月领取发放。

二、公杂费:包括办公文具、纸张、报纸、水电等和为居民工作的城市交通费。标准:城区在 300 户以上的居民委员会每月 5 元,郊区和城区 300 户以下的居民委员会每月 4 元,由街道办事处按月向区人委领取发给居民委员会,包干使用,不得超过。

三、居民委员会生活补助费和公杂费用由区人委造具预算,报市财政局核定,各区人委应责成办公室或民政科管理,市区民政部门对此项经费的使用情况加强督促和检查。

四、居民委员会干部经补助后,其家属生活仍有困难的,属社会救济范围的可再给予社会救济,帮助他们解决困难。

以上规定从 1963 年 1 月起执行。

杭州市民政局　杭州市财政局
1962 年 12 月 13 日
【由杭州市上城区档案馆提供】

杭州市粮食局关于 1963 年一季度
在居民区安排一批补助粮的通知

杭粮〔1963〕购字第 0077 号

各区粮食分局：

当前城区居民的粮食供应水平还是不高的,为了帮助部分严重缺粮的居民解决用粮不足的困难,除了各区去年尚未使用完的 11 万余斤补助粮外,今年一季度继续拨出成品粮 16.5 万斤〔分区是:上城、下城各 4.2 万斤,江干(包括笕桥)、拱墅各 3 万斤,西湖 2.1 万斤〕,请各区人委安排给所属街道办事处具体掌握,专门补助给口粮不足的居民使用。

由于补助的粮食数量有限,各区粮食分局必须要求街道办事处,做到专粮专用,有重点地掌握补助,做到该补则补,可不补的不补;应反复向街道干部和居民干部讲清道理,做到不讲私情,办事公道。补助的主要对象应该是精简回家定量已减少的职工和未考取大、中学校的学生,部分多子女的居民户,对一些粮票确实遗失、被窃,口粮无法解决的,也应实事求是适当给予补助。

自今年一季度起,城镇国家定量供应人口,在原定量外,每人每月增发 1 斤成品粮的熟食品票,再加上对一些严重缺粮的居民进行了一些适当的补助,用粮情况将会有所好转,但各区粮食部门仍应继续按照计划用粮和节约用粮的教育,使居民能够做到算了吃,节约粮食。

为了使本局能够及时了解和掌握各区的居民补助粮发放、使用情况,我们建议,今后街道办事处应按月(季)将补助粮的发放清单加上封面(附样式),报给区粮食分局,由区粮食分局汇总后,于季末前连同补助粮发放、使用情况(文字材料应为发放、使用的一般情况,存在问题和要求)上报本局,以便按时向领导汇报。

1963 年 1 月 16 日

【由杭州市上城区档案馆提供】

杭州市团子巷居民委员会评选材料①

本居民区一年来在街道党委的直接领导下,在总路线、大跃进、人民公社三面红旗的指引下,坚决贯彻执行党的"以农业为基础,工业为主导"发展国民经济的总方针和以调整为中心的八字方针,全体居民干部鼓足干劲,积极发动广大居民群众,克服各种困难,踏踏实实地、出色地完成党交给的任务,我们进行的工作,总的讲有以下几点。

在党的总方针思想的指导下,开展各项工作

当党中央和毛主席提出"以农业为基础,工业为主导"发展国民经济的总方针后,我们居委会在街道党委的不断教育下,在实践中,明确认识到这个总方针是今后建设社会主义的"纲",要很好地贯彻总方针,必须为农业服务,具体来说就是多动员一个人回乡,参加农业生产,就是支援了农业。因此全体居民干部以压缩城镇人口工作为中心工作,带动治安、卫生、妇女、生活福利、勤俭持家、参加储蓄、拥军优属等工作。在 1962 年一年当中共动员了 71 人回乡,8 人参加农场劳动。在整个动员工作中,做到情况明,方向对,不辞劳苦,不分昼夜,不管路途遥远,本着耐心说服的精神,对压缩对象做动员。如压缩对象夏秋凤,原对回乡认识不足,害怕回乡,干部去动员,就骂干部,说出种种不能回乡的"理由",但干部不顾这一切困难,发动她周围的亲戚,一起对她进行回乡动员,这样先后对她做了 20 次说服动员工作,终于使她明白了回乡的意义,现她已安心回乡参加生产了,对参加农场劳动的青年,存在困难,就积极主动地帮助设法解决,如去上城农场的青年万祖凤缺少脸盆,居民主任就把自己家中刚调回来的新脸盆赠送给她,使她安心去农场劳动。

深入群众,关心生活

居民区工作是一项直接涉及居民群众生活的工作,我们团子巷居民区共

---

① 原文标题为《团子巷居民委员会评选材料》。

有居民 653 户,2867 人,是一个较大的居民区。要使更多的人安心工作和学习,把居民区工作搞好,就必须关心群众的疾苦,依靠群众,深入群众,了解群众的各种情况,按照实事求是的精神,做到该解决的及时解决,不该解决的坚决不给解决,并对他们进行说服教育工作。全年给予长期补助的有 5 户 7 人,共救济了 600 元,对在生活上、医疗上临时发生困难的,把情况反映给领导,共救济了 21 人 80.20 元,棉衣裤 7 件、被单 1 条,打贫病医疗减免证明两次。如住大浒弄 2 号的孤老楼宝顺,原居住的房屋已破烂不堪,外面下大雨,里面下小雨,不能再居住,居委会了解到这一情况,就及时地反映给领导,在街道党委的支持下,房屋很快地修补好了,使他能重新居住,再也受不到风雨的侵袭。对这件事,楼宝顺非常感激地说:"像我这样的孤老在旧社会里不要说生活没有保障,要饿死、冻死,这样的破烂房子即使倒塌了,压死了人也不会有人来过问。如今幸亏党和人民政府的英明领导,不但生活上长期给我救济,而且把我这破烂不堪的房子也修补好了,使我有了安定的晚年生活。"周围的群众也就这事纷纷称赞党的好领导。

又如居民吴连奎到居委会打证明调一个月的流动粮票,我们掌握到他要去外地搞投机活动,就不同意给他打证明,而且对他的这种思想行为给予了批评及守法教育。此外,由于我们在基本掌握居民区每家每户情况的基础上,贯彻"勤俭持家、勤俭建国"方针,居民委员除做到平时不论在大会还是小会上都对贯彻这个方针的好处进行宣传教育外,在妇女工作上还组织妇女会学习宣传这项方针,使她们明确"大河有水,小河满;大河无水,小河涸",只有把富日子当作穷日子过,日子才会越过越富裕,勤俭持家对国家和个人的好处都很大等道理。通过学习宣传,居民区在计划用粮、计划用钱等六个方面,在节制生育、积极参加储蓄、卫生工作等方面都有很大的改变和提高。原居民区缺粮户较多,现经很好的安排,缺粮现象已大大地减少;对 142 个避孕对象推销了 162 只阴茎套;整个居民区推动的储蓄额由每月 1281 元上升到 1482 元,全年共增加 200 多元,被评为区级储蓄先进单位。卫生面貌也大大地改变了。

在拥军优属工作上,做到节日前帮助大扫除,节日期间进行慰问,张贴光荣榜,对困难年老体弱的军烈属,平时经常性地帮助送粮、送柴上门,购买蔬菜和日用品等。如居民主任经常给军属刘湖帆购买物品,解决了她行走不便的困难,把政府补助费送给烈属沈芳姑,还经常上军烈属家关心冷热、有何困难需要解决,这样使他们感到生活在这个大家庭的温暖。

同时对精简回来的社会闲散劳动力,经济困难的,安排街道保洁、折水泥袋、挑工方等工作、帮助进行摊贩登记,使他们生活得到安定。还对家庭、夫妻、邻居、婆媳之间的纠纷进行调解。增强了邻居间、家庭间的和睦。

由于居民干部关心群众,党在群众中的威信日益高涨,居委会也成了群众的好参谋,有许多群众主动地找上门来和干部商量解决各种问题。

提高革命警惕,打击现行,做好防范

一年来,在公安机关的领导下,我们经常对居民群众进行提高革命警惕性,做好对防特、防盗、防水、防止其他治安灾害事故的"四防"工作的重要性的教育,治保干部定期召开会议,建立安全值日制度,加强每天傍晚、夜间的炉灶、门户、防盗、防水检查工作,在节日期间,组织干部青年进行轮班巡逻的保卫工作,确保了整个居民区的安全,平时家人对四类分子进行监督改造。由于这样,在全年中,未发生过火警、火灾和重大破坏事故。居民群众对遵守户口制度、交通规则、国家法律法令,维护社会秩序,搞好治安保卫工作的自觉性大大提高了。

同时我们还积极帮助公安机关,有力地打击了现行,处理了劳教3人,少年犯劳教3人。如少年犯张明祥从少年劳动教养所逃走,当我们知道了这一情况后,就组织了干部四处寻找,终于把人找到,重新送入少年劳动教养所去进行劳教。又如从临浦调了40斤米来杭州贩卖的投机商贩,被我居民区群众发现,报告居委会,即送往派出所进行处理,加强了市场的管理。

放弃个人利益,一心为群众

干部明确了居民区工作也是社会主义事业中不可缺少的一部分,具有一定的重大意义,因此在平时的工作中,做到了放弃个人利益,废寝忘食,毫无怨言,有的甚至带病坚持工作。每逢节日,干部总在那寒风刺骨的街巷里来回巡逻,确保人们的安全,让他们度过那欢乐的节日之夜。如计划福利主任王水照原参加竹器生产自救小组的工作,她为了把居民工作做得更好,自动放弃了每月有30元左右收入的工作。再有治保主任陈阿大家中有三个孙女需要她照料,最近丈夫因身体不好,在家休息,她仍然把家务安排得很好,开会随叫随到,从不缺席,及时完成分配给她的工作任务。

集体研究,统一安排,依靠群众,
加强团结是完成任务的根本保证

居民区工作又是一项琐碎复杂的工作,"上面千条线,下面一根绳",各方面都有工作布置下来。我们居委会就根据这个特点,分工具体负责各项工作,一有工作布置下来,就首先召开五大主任碰头会议,统一思想,做到上下一条心,然后将工作按轻重缓急逐个排队,分头贯彻,保证重点。平时如果哪个干部,不论在生活上,还是工作上有困难,其他干部都会主动帮助安排好生活,共同完成工作任务,由于这样,街道党委布置下来的工作都能及时地完成。如春节前以压缩城镇人口工作为中心,同时要完成征兵、拥军优属、慰问军属、发放过春节的票证、卫生、治安等工作,我们干部针对时间紧、任务重的情况,就把工作排了队,落实到各小组,大家团结一致就及时圆满地完成了这些工作,使居民们愉快地度过了春节。又如,压缩城镇人口工作是由领导小组具体负责的,但是为了使这项工作做得更好,负责治保、妇女、卫生、计划等工作的干部都协力来做,真正做到了分工不分家,有的去生产队直接挂钩,有的去压缩对象的亲戚家说服一起动员,有的去单位和领导联系,这样使压缩动员工作做得比较全面透彻,完成得也比较好。

再如干部金余芬在去年不慎把脚膝骨摔破,不能行走,当时居委会里很多干部到她家里去探望慰问她,并主动分担她原担任的工作,居委会也对她的工作进行了安排。由于这样,她能安心养病,工作也没有受到影响,组里的工作照常开展。

以上是我们居委会开展工作以来的几点体会,离党和人民对我们的工作要求还差得很远。我们决心在党的领导下,继续高举三面红旗,牢固树立总方针的思想,依靠群众,加强团结,同时向各兄弟居民区学习工作经验,把工作搞得更出色。

发言人:陈徽侬

1963 年

【由杭州市上城区档案馆提供】

杭州市江干区人委关于整顿居民区、改选居民委员会组织的方案①

（1963年2月6日区人民委员会第五次会议通过）

区商业、卫生、文教局，公安、粮食、税务分局，民政、劳动、建交科，房管所，彭埠乡人委，笕桥、石桥镇人委，各街道办事处、派出所：

自1952年建立居民委员会以来，经过几次整顿，全区的居民委员会组织日益健全。目前全区有居民委员会90个，居民小组621个。它在执行党的各项政策、组织生产自救、帮助居民群众安排生活、维护社会治安，以及调解民事纠纷等方面，发挥了巨大的作用，取得了显著的成绩。但是，1958年以后，随着形式的发展、街道办事处的合并和撤销，居民委员会的组织情况亦发生了很大的变化，存在着不少问题。当前的主要问题是：

1. 组织规模过大或过小，管理很不方便。全区90个居民区，其中最大的如望江街道六部桥、过军桥居民区均有960余户，南星桥街道凤凰山居民区有637户。但是，也有的居民区规模过小。如南星桥街道造船厂居民区只有94户。当前，居民小组的规模也大小不一。如南新桥街道有的居民小组有120余户，望江街道中南居民区最大的小组有90多户，而有的小组只有十几户。居民区规模过大或过小，地段过广，都会造成管理不便，不利于工作的开展。

2. 组织形式不一，领导关系不够明确。1958年以前，街道居民区有一个居民委员会，下设治安保卫、调解、妇女、卫生、生活福利等工作委员会，而这些组织都在居民委员会的领导下分别进行工作，秩序比较正常。但1958年以后，随着形势的发展、各项政治运动的深入开展、群众觉悟的提高、民间纠纷的减少，调解和妇女工作委员会等组织都在无形中消失了；1961年反"五风"以后，界限不清，卫生工作放松，卫生委员会组织也不健全，现在居民区只有居民委员会、基层妇代会和治保委员会等组织。而且这些委员会的相互关系和领导关系不够明确，有的治保委员会领导居民委员会的工作，削弱了居民委员会的领导作用。目前的组织情况已不适应形式和工作的需要。

---

① 原文标题为《区人委关于整顿居民区、改选居民委员会组织的方案》。

3.居民干部残缺不全,对工作任务的完成受到影响。1958年以前,全区有居民干部1930余人,每个居民区都有十几个干部,配有双职,分工细致明确,各项工作有专人负责,1958年以后,由于大办钢铁、大办工业、大办福利事业,解放妇女劳动力,随着就业面的扩大,大部分年轻力壮的老居民干部,走上了工作岗位,从事专业生产;去年以来,又有不少居民干部迁移回乡。目前有的干部因年老体弱不参加社会活动;有的因工作、生产忙(笕桥地区居民干部大部分由工厂、商店的职工兼任),不能出来工作。人员残缺不全,工作难以开展,正常的居民工作受到影响。

4.领导工作头多,任务繁重,工作范围界限不清。随着形势的发展,居民工作任务也随之变化,这是一种正常的现象。但是,当前居民工作头多,任务重。有些单位随便向居民区布置任务,而居民干部则认为"上级"机关交办的事又不好拒绝。因此,居民工作量大,工作范围不明确。现在居民区的工作涉及商业、银行、房管等九大部门,十项工作,使居民干部忙得不可开交。由于上面头多,任务多,他们做了许多不属于他们的事,正常的居民工作受到了一定的影响(这种情况从去年下半年以来已有好转)。

此外,居民委员会缺乏正常的工作秩序,没有定期的学习、会议、工作制度,大部分居民干部没有定期进行改选,居民工作不能正常地开展。

鉴于上述情况,为了进一步发挥居民委员会的组织作用,更好地搞好居民工作,顺利完成各项任务,必须进一步加强和整顿居民委员会组织。为此,我们根据《城市居民委员会组织条例》,结合本区的具体情况,决定在2月份分期、以点带面地对现有居民委员会进行一次整顿,这是十分必要的。

1.关于居民区的规模和名称问题。居民区应根据方便群众、便于管理、有利工作的原则和地区的集中与分散进行规划,不宜过大或过小。根据《城市居民委员会组织条例》和当前的实际情况,居民区的规模一般以300至400户为宜。居民委员会下设小组。居民小组一般由30至40户居民组成。居民区的名称在整顿中一般不予更改,除个别确实不适当的或新划的居民区可以另行命名。居民小组的名称即按××居民区第一、二……组排列。

2.关于居民委员会组织形式和相互关系的问题。根据当前工作的需要,居民委员会下面可以设立治安保卫、调解、生活福利、文教卫生四个工作委员会。居民委员会应在街道办事处的领导下进行工作。居民委员会下设的一切工作委员会都要在居民委员会的统一领导下进行工作。

3.关于居民干部的配备和来源问题。居民干部的配备,应根据居民区的大小而定,一般一个居民委员会可由 9 至 15 人组成。居民委员会设主任 1 人,副主任 4 人。主任负责全面工作,副主任分别兼任治保、调解、生活福利、文教卫生工作委员会的主任,其他委员根据工作的需要分别负责计划、生产、宣传等工作。治保委员会由 5 至 7 人组成,设主任 1 人,副主任 1 至 2 人;调解委员会由 3 至 5 人组成,设主任 1 人,必要时可以设副主任 1 人(如干部少也可叫调解小组);生活福利委员会由 5 至 7 人组成,设主任 1 人,副主任 1 至 2 人;文教卫生委员会由 5 至 7 人组成,设主任 1 人,副主任 1 至 2 人。这些委员会的主任均由居民委员会的副主任兼任,副主任另行产生。

居民小组设组长 1 人,一般应当由居民委员会委员担任;在必要的时候,可以选举副组长 1 至 2 人。居民委员会的主任、副主任可以不兼任居民小组长,选举他的小组可以另行选组长 1 人。

以上干部应在原有干部中进行挑选,如果没有重大问题,只要其表现积极,群众满意,一般予以安排。对于不足的干部,可在职工家属、劳动人民中培养挑选一批新生力量。居民干部应具备如下条件:政治可靠,思想进步;工作正派,办事公正,能联系群众,在群众中有威信;有一定工作能力和工作时间。对干部的配备要求为尽量不兼职或少兼职,以利工作的开展。

4.关于建立居民委员会工作制度的问题。在居民委员会组织整顿改选以后,应立即搞好组织建设工作,建立正常的工作秩序。当前应该建立如下制度:一是选举制度。居民委员会和所属各工作委员会委员,应每年改选一次,连选连任;如有不称职的可以随时罢免补选。二是学习制度。居民干部应每周进行一次政治时事学习;每半个月进行一次业务学习,以提高他们的政治思想水平和业务水平。三是会议制度。居民委员会委员每周举行一次碰头会,汇报本周工作,征求居民群众的意见和要求;并试行居民委员会主任联合办公制度。

5.关于居民委员会的工作任务问题。居民委员会是居民自治性的群众组织,它的主要任务是:办理居民的有关公共福利事业(社会救济、生产自救、拥军优属、卫生绿化、业余教育、发放票证);向街道办事处如实反映居民群众的意见和要求;经常向居民群众宣传党和政府的政策、法令,并自觉地遵守政策、法令;教育和动员居民群众积极响应党和政府的号召,努力完成各项任务;做好群众性的治安保卫工作(市场管理、查火防火、巡逻、监督管制分子等);及时调解居民间的纠纷等。居民委员会进行工作的时候,应当根据民主集中制和群众自愿的原则,充分发扬民主,不得强迫命令。为了改变居民委员会多头领导、任务繁乱的情况。今后,除区人民委员会和街道办事处可以布置工作以外,其他任何单位或个人都不能随便直接向居民委员会布置工作,由这些单位和个人布置下来的工作居民委员会也可以拒绝完成。其他部门,如果有任务必须要居民委员会完成,则应经街道办事处同意后统一布置。区人委的有关部门,可以对居民委员会有关的工作委员会进行业务上的指导。

整顿改选工作,可以分为四个阶段进行:

(1)准备阶段。主要是搞好调查摸底,制定整顿方案。调查的中心是弄清居民区在规模、组织形式、干部配备(包括现有的和今后规划设置的)等方面的情况,制定方案。同时,应积极帮助居民委员会总结居民工作,做好训练积极分子等准备工作。

(2)宣传阶段。首先由街道办事处采取先干部后群众的方法进行宣传教育,说明整顿改选居民委员会的目的和意义,提出具体做法和要求,并组织他们进行讨论,统一思想认识。在这个基础上,由原有的居民委员会召开居民大会,向他们总结居民工作,征求群众意见,接受群众的批评。在总结时,对工作中的缺点应主动向群众自我检查,争取群众的谅解。同时,要教育群众积极参加整顿、改选活动。

(3)改选阶段。在提高觉悟、掌握情况的基础上,分别组织居民区各方面人物,对内定名单进行协商,协商同意后作为干部候选人名单,再交给群众进行酝酿,讨论确定,最后召开群众大会进行选举。选举可以采取无记名投票或举手表决的办法。选举结果应向群众公布,并宣布新的居民委员会成立。凡是年满18周岁的公民均有选举权和被选举权。凡依法尚未改变成分的地主阶级分子、依法被剥夺政治权利的反革命分子,以及其他依法被剥夺政治权利者,均无选举权和被选举权。

(4)建设阶段。改选结束后,各街道办事处、镇人委,以及民政、公安、卫生部门应帮助新的居民委员会和各工作委员会进行业务训练;帮助他们具体分工,使之各有专职;定期安排居民委员会的工作任务;建立和健全工作、学习、会议制度等,建立正常的工作秩序,充分发挥居民委员会的组织作用。

6.关于工作中应注意的几个问题。第一,在整个整顿改选工作中,在街道党委的统一领导下,街道办事处、派出所和有关部门应密切配合,围绕征兵工作,共同把居民区的整顿工作搞好。第二,居民委员会、治保委员会等各种组织的干部,都由街道党委统一研究,统一安排,防止产生互相争干部、拉干部的现象。在安排干部时应注意到工作的特点、个人的专长,适当安排,除居民委员会的主任应在干部中挑选最强的担任以外,其他人员应基本上按原工作分配,不宜打乱平分,调整的只是少数,以利工作。第三,居民区的调整,应注意调整两头(即过大和过小的),中间的基本不动,这样有利工作。既要抓紧时间,如期完成,又要扎扎实实、深入细致地工作。要求在 2 月底基本完成,最迟应在 3 月上旬全面结束。

各镇人委、街道办事处,应加强对整顿改选工作的领导,确保这一工作的顺利完成。同时,应根据区的计划,制定本地区的整顿方案,报区人委。

杭州市江干区人民委员会
【由杭州市上城区档案馆提供】

杭州市上城区关于第一季度在
居民区安排一批补助粮的通知①

上委办〔1963〕字第 35 号

各街道办事处：

当前城区居民的粮食供应水平还是不高的。自今年一季度起,国家对定量供应人口在原定量外,每人每月增发 1 斤成品粮的熟食票,再加上对一些严重缺粮的居民,各街道进行了一些适当的补助,用粮情况有所好转,但必须继续加强计划用粮、节约用粮的教育,使居民群众能够做到先算后吃,计划用粮、节约用粮。

这次分配的本区第一季度街道居民补助粮为 4.2 万斤(分配给定安街道 7904 斤,金钱街道 7767 斤,岳王街道 7010 斤,马市街道 6194 斤,城站街道 4983 斤,花牌楼街道 8142 斤),希各街道具体掌握,专门补助给口粮不足的居民使用,做到该补则补,可不补的不补。补助粮发放的主要对象:一是精简回家,定量已减少的职工;二是未考取大、中学校的学生;三是部分多子女而经济收入有限的居民户;四是对一些粮票确实遗失、被窃口粮无法解决的,应该实事求是适当给予补助。

关于补助粮发放手续:由街道联系居民干部摸清缺粮对象、缺粮天数、粮食数,以及缺粮原因,做到心中有数,然后由居民区每月编造缺粮户名册,填报情况,提出申请补助粮数量,报请街道主任审查、批准后于每月 20 日后进行补助粮的发放。

至于居民有粮票遗失、被窃等情况发生的,首先须向粮站挂失,然后由街道办事处深入了解确实情况,适当给予补助。

街道办事处对每季居民补助粮的发放使用情况,要做一次全面的检查,查明有无该补助的没有补助,不该补助的补助了,有无移花接木、贪污浪费等情况,把检查出来的问题和今后意见,于 3 月底前报告本委并抄送区粮食局(月

---

①　原文标题为《关于第一季度在居民区安排一批补助粮的通知》。

报表仍按原规定每月填报）。

以上几点希切实贯彻执行。

杭州市上城区人民委员会

1963 年 2 月 25 日

【由杭州市上城区档案馆提供】

杭州市人委转发市人委办公室、市民政局
《关于召开一九六二年街道工作先进集体和
积极分子代表会议的方案》①

各区人委,市人委各工作部门、直属机构:

现将市人委办公室、市民政局研究制定的《关于召开一九六二年街道工作先进集体和积极分子代表会议的方案》转发给你们研究执行。各区对评选街道工作先进集体和积极分子还缺乏经验,希各区人委加强领导,认真研究,切实做好评选工作。

在评选中,必须结合当前形势,加强对居民干部和居民群众的教育,表彰和发扬先进人物的先进思想和先进事迹,总结交流先进经验,使评选工作成为推动当前街道工作的动力。评选结束后,各区应认真总结经验,在 4 月底以前将经验总结书面报市人委抄送市民政局。

浙江省杭州市人民委员会
1963 年 3 月 1 日

关于召开一九六二年街道工作
先进集体和积极分子代表会议的方案

1962 年全市人民在党和政府的领导下,高举总路线、大跃进、人民公社三面红旗,贯彻执行了调整、巩固、充实、提高的方针,在各项工作中取得了巨大的成就。在这一年里,广大居民干部在响应党和政府的各项号召,协助政府执行政策、法令,搞好街道工作等方面,发挥了很大的作用,并且涌现出了许多积极分子。为了总结、交流经验,表扬先进,树立标兵,进一步调动居民干部的积极性,鼓足干劲,做好街道工作,各区人民委员会应在三四月间,分别召开1962 年街道工作先进集体和积极分子会议。今后每年都召开一次。现将有

---

① 原文标题为《市人委转发市人委办公室、市政局关于召开一九六二年街道工作先进和积极分子代表会议的方案》。

关评选工作的具体事项安排如下。

（一）评选范围

凡是居民委员会和居民小组均可参加先进集体的评选，凡是居民小组长以上的干部，居民食堂、幼儿园的工作人员，居民区的协储员、协税员，以及热心街道工作的居民群众，均可参加街道积极分子的评选。

（二）评选名额

代表人数，上城、下城区各 300 名左右，江干、拱墅区各 200 名左右，西湖区 150 名左右。

（三）评选条件

1. 评选为先进居民委员会和居民小组的，必须是坚持总路线、大跃进、人民公社三面红旗，认真执行党和政府的各项方针、政策，积极响应党和政府的各项号召，密切联系群众，关心群众疾苦，出色地做好街道工作，并在教育群众遵守国家的法律、法令和城市管理的各项制度，维护社会治安，发扬共产主义道德风尚，以及勤俭节约等方面，有突出表现的。

2. 评选为街道工作积极分子的，必须是拥护三面红旗，热爱党、热爱国家、热爱社会主义，积极响应党和国家的号召，并符合下列条件之一的：

（1）积极完成各项任务，在搞好街道工作中有显著成绩的；

（2）模范地遵守国家法令、制度，经常向群众进行守法教育，同各种违法行为开展坚决斗争有显著成绩的；

（3）办事公正，密切联系群众，关心群众疾苦，为居民群众所爱戴的；

（4）热心街道工作，在拥军优属、社会救济、治安保卫、爱国卫生和协助有关部门搞好商品供应、推动储蓄、开展业余文化教育、对青少年进行共产主义道德品质教育以及举办集体福利事业等某一方面，有优异成绩的；

（5）在爱护公共财产、维护社会秩序、发扬公共道德等方面以身作则，并能对群众进行帮助和监督，协助政府管好城市有显著成绩的；

（6）在其他方面有优异表现和特殊贡献的。

（四）评选方法和应注意的问题

评选工作必须结合社会主义教育和形势教育进行，大力宣传先进思想和先进事迹，使广大居民干部和居民群众进一步认清形势，树立信心，加强团结，战胜困难，更好地搞好街道工作，使整个评选过程成为教育干部、发动群众、推动工作的过程。评选中必须充分发扬民主,贯彻群众路线,由群众提名,民主评选,街道办事处同街道党委审查批准。不得采取领导指派的办法。在评选时要注意代表的广泛性。

(五)会议经费和奖励

1.各区街道工作积极分子会议,按二类会议标准开支,代表伙食费全部补贴。

2.给街道工作积极分子发奖状和纪念册,以资鼓励。

3.会议所需经费,从各区行政业务费中开支。

市人委办公室　市民政局

1963 年 2 月 26 日

【由杭州市档案馆提供】

杭州市江干区人委关于贯彻市人委办公室、市民政局《关于召开一九六二年街道工作先进集体和积极分子代表会议的方案》的几点补充意见①

办字第 082 号

各街道办事处、镇人委：

市人委转发市人委办公室、市民政局《关于召开一九六二年街道工作先进集体和积极分子代表会议的方案》已发给你们，希你们根据方案精神，结合具体情况，认真研究贯彻执行。现对有关评选工作的具体事项提出如下几点补充意见。

1. 关于评选范围。凡是各条已经评选过的，如协储员积极分子、协税员积极分子等，这次不再进行评选；凡是已经评上治安工作积极分子的人员，这次不再参加评选，以免重复。

2. 关于评选名额。全区确定代表人数为 220 名（包括先进集体），原则上按居民区多少平均分配，个别街道居民区较大的亦予以适当照顾。各街道、镇在评选时，先进集体亦应有一定比例。评选名额的分配如下：闸口街道45名，南星街道48名，望江街道55名，海潮街道38名，石桥镇13名，剑桥镇15名，彭埠公社6名。

3. 关于评选条件。均按照方案提出的评选条件进行评选，但在内部掌握时，凡评选对象均应历史清楚，对有较大历史问题的人员亦不予评选。同时，应根据评选条件，使工人阶级和其他劳动人民的家属参加评选的比例占评选名额的大多数。

4. 关于评选方法。各街道、镇应视情况成立评选委员会或领导小组，切实加强对评选工作的领导，认真负责地进行评选。区里不再成立评委会，原则上以街道、镇评选为准。各街道、镇对评选上的先进集体和积极分子均填写登记表，并存档，以资查考。

5. 各街道、镇对评选街道工作先进集体和积极分子还缺乏经验，必须结合

---

① 原文标题为《区人委关于贯彻市人委办公室、市民政局"关于召开一九六二年街道工作先进集体和积极分子代表会议的方案"的几点补充意见》。

当前形势,加强宣传教育,充分发动群众。在评选中,必须认真总结经验,既要总结交流先进集体和积极分子认真做好街道工作的经验,又要总结评选工作的经验,使评选工作真正成为推动当前普选工作、压缩城镇人口工作等街道工作的动力。评选结束后,各街道、镇应对评选工作进行总结,并选择几份先进集体和积极分子的典型材料,在 3 月底前以书面形式报送区人委。

杭州市江干区人民委员会

1963 年 3 月 7 日

【由杭州市档案馆提供】

天津市塘沽区人民委员会报送塘沽区改选街道居民组织工作的报告

办字〔1963〕第 71 号

天津市人民委员会政法办公室：

　　我区街道居民组织改选工作，已于 2 月底结束，现将《天津市塘沽区人民委员会关于改选街道居民组织工作的报告》报上，请审阅。

　　附件：如文

1963 年 3 月 22 日

抄送：区委办公室、区委街道部、港区公安局、区法院、区妇联、区工会。

天津市塘沽区人民委员会
关于改选街道居民组织工作的报告

　　根据市人委《关于改选街道居民组织的指示》的精神和《城市居民委员会组织条例》的规定，我区于 1963 年 1 月 5 日至 2 月底进行了居民组织的改选工作。此次改选居民组织工作的特点是：情况明、底数清、方法细、行动迅速。通过改选，基本上实现了充实积极分子队伍，增强领导核心；提高积极分子的政治思想水平，改进工作作风、工作方法；整顿和纯洁居民组织；更好地发挥居民组织的作用，使居民工作在现有基础上提高一步。现将改选工作主要情况报告如下。

（一）

　　街道居民组织改选取得的主要收获有以下几个方面。

　　1. 加强了居民组织的领导核心力量，壮大了积极分子队伍。这是居民组织改选的主要目的，此次改选确实是加强了居民组织的领导核心力量，调整充实了各居民组织中的骨干，对一些不称职的和有缺额的做了调换和充实，改选后居民组织的 396 名正副主任中，除有 232 名为上届积极分子能够胜任工作继续当选的外,有 114 名是此次改选新充实的力量。其中:有 33 名是公社企事业精简回街道的老积极分子;有 12 名是热心居民工作的老退休工人;有 69 名是原来担任委员职务的。原有居民组织正副主任中,有 29 名因不称职安排为次要职务,有 37 名是挂名不工作或不受群众欢迎的,对不符合条件的进行淘汰。特别是在居民组织核心骨干中充实了党员的力量,原有居民组织正副主任中,有党员 42 名,此次改选后增长到 69 名,新增加了 27 名。如北塘、新港等街道几乎每个居民组织的核心力量内都有共产党员。

改选后积极分子队伍得到壮大,新当选的居民积极分子共有 3393 人,其中:正副主任 396 名,组长 1496 名,工作委员会的委员和干事 808 名。从数量上看,比原有积极分子 2537 人多了 856 人;质量上比原有积极分子也有了充实和加强,除有 2189 名符合积极分子条件的原有积极分子继续当选外,充实了 1264 名新生力量,其中:老退休工人 91 名,公社精简回街道的老积极分子 105 名,居民中新涌现出的积极分子 1028 名,社会青年 55 名。党员有 115 名,比原有的增加了 46 名,团员有 83 名。这些人经过群众选举后,都表示愿意为群众办事,改变了原有积极分子只有 58.4% 坚持工作的局面。原有积极分子中有 551 名,占原有积极分子总数 21.8% 的落选,其中:属于确有实际困难、家务负担过重或患有长期慢性疾病需要照顾的有 115 名;属于挂名不工作,经过动员思想仍不通的有 265 名;属于政治上不合格或不受群众欢迎被淘汰清洗的有 136 名;迁出和死亡的 35 人。

三类居民组织经过改选,积极分子力量加强了,基本上改变了过去无人工作或只有少数人工作,组织瘫痪的局面,全区 14 个三类居民组织,由于某种原因,在改选工作中各街道办事处都重点投入力量抓好物色,培养、充实新生力量,加强了正副主任力量,调整配备了委员会的核心力量,如新华路公安后街居民区这次新充实了 3 名正副主任,核心加强了,积极分子也被组织和带动起来。仅新村、新港、新华路、于家堡、西沽等 5 个街的 6 个三类居民组织,就新充实了正副主任 17 名,占现有正副主任总数的 70% 以上。

2. 贯彻了阶级路线,纯洁了居民组织,纯洁了积极分子队伍。这是此次改选工作的一个重大收获,由于认真贯彻了市人委关于居民组织组成人员成分和条件的规定,加强了对积极分子的政治审查和政策作风审查,保障了居民组织的纯洁性,居民组织的领导权掌握在了政治可靠的劳动人民手中。在具体审查中,注意了调查摸底,分别情况,妥善处理。对严重违反政策、品德很坏、作风恶劣、引起群众严重不满的应予淘汰;属于混进居民组织的四类分子及其家属和有严重政治社会关系的应坚决清洗;但对属于一般出身成分和有一般历史问题,犯有一般性的错误,情节轻微经过批评教育,本人表示改正,并为群众同意的,仍作适当安排。通过审查,原有积极分子中被淘汰清洗的有 136 人,占原有积极分子总数的 5.3%,其中:属于四类分子及其家属的有 59 人,属于有严重政治社会关系的有 32 人,属于严重违反政策的(乱搞黑市、经常赌博、偷盗等)有 25 人,属于品质很坏、作风恶劣的有 20 人。有的居民委员会 11 个委员中就有 4 个人因为政治上有问题而被清洗。除了对原有积极分子进行认真审查外,对新涌现出的积极分子也都按照条件加强了审查,因此彻底地解决了多年来居民组织不够清洁的问题。

3.提高了积极分子的政治思想水平,增强了工作干劲。改选工作对积极分子是一次具体生动的政治思想教育,通过改选,积极分子提高了觉悟,增强了干劲,普遍的反映是:积极分子之间加强了团结,提高了光荣感、责任心,加强了工作主动性。群众反映:"居民区的工作活跃了。"经过宣传贯彻积极分子当选条件和向居民群众报告居民委员会的工作,听取群众的批评表扬,积极分子的光荣感和责任心提高了,绝大多数积极分子当选后认为这是群众对自己的信任,有的积极分子说:"我们可真不简单,是政治可靠的劳动人民家属。"有的说:"我将是跟党走,拥护社会主义的人。"也有的说:"大家看得起我,我得好好干个样儿。"如新河街道第四居民区的文教委员赵淑兰(原为居民小组长),这次当选后其婆婆说:"你整天地跑,管得这么宽,孩子我不给你看啦。"赵淑兰表示:"群众选我是给咱全家的光荣,我抱着孩子也要出去工作。"这充分地表达了积极分子对当选引以为荣的高贵风尚。过去工作中有缺点的积极分子也进行了自我检查和纠正,并向群众表明态度。特别是过去积极分子之间闹不团结、搞分裂的,这次主动交换意见,加强团结,全区三类居民组织中 80% 由于严重不团结造成的问题,已基本得到解决。如东沽街三岔居民区过去 4 个正副主任之间不团结,这次找出了根,主要是有一个副主任从中搬弄是非,挑拨关系,此人这次落选后,大家解开了思想疙瘩,心情舒畅,表示要加强团结,下决心改变落后面貌,争取当选先进居民区。积极分子出来工作的大量增加,主动工作的增多,也是改选后的新气象。如过去区里召开街道积极分子会宣传计划生育,仅到会 200 多人,最近召开计划生育宣传动员会议时,天气不好,而到会者达 700 多人,新河街过去召开全街道积极分子会,最高到会人数为 120 多人,改选后召开会议到会 340 人,增加近两倍。新村街过去召开积极分子会,大梁子的 3 个居民区积极分子最多到会 20 多人,最近召开全街道积极分子鼓干劲大会时,大梁子 3 个居民区的积极分子到会 180 多人。从居民区来说,坚持出来工作的积极分子普遍增多,如新华路街一个居民区召开积极分子会议时,到会者达 34 人,仅有 2 人未到还送来请假条。花园街居民区过去只有 5 个人坚持工作,这次新选出了 38 个积极分子都能出来参加工作。总之,积极分子的工作热情和主动性提高了。西沽街全体积极分子开展了先进集体与先进个人的竞赛活动。新河街开展了迎"三八"为群众办好事的活动,新村街居民区之间互相挑战、应战。不少的居民在街干部无时间参加的情况下,主动研究安排工作,主动召开群众会议进行宣传,发挥了自治作用。东沽庙南居民区新当选的优抚委员自动深入烈军属户访问了解情况,草头沽居民区卫生委员自动按街、按胡同调查卫生三污重点。多数居民组织积极分子为了进一步提高政治思想觉悟,自动地组织学习"雷锋英雄事迹"。

4.贯彻了《城市居民委员会工作纲要(草案)》,健全制度,初步地建立了正常的工作秩序。在改选的善后工作中,在对积极分子进行政治思想教育的同时,组织积极分子学习贯彻了《城市居民委员会工作纲要(草案)》,从而使全体积极分子进一步明确了居民组织的性质、任务、工作方法、工作作风和应建立的工作制度等,在此基础上普遍地健全了一些切实可行的工作制度。并着手组织积极分子进行系统的政策、业务学习,以利于居民工作的开展。

此外,结合此次改选,本着便于工作、便利群众的原则,对原有居民区和居民小组过大或过小的进行了适当的调整,如新港街原来的航务一处家属居民区有 900 户,30 多个小组,这次调整划分为两个居民区。再如新村街搬运居民区只有 110 户,这次合并到附近的居民区。通过调整后,全区共划分了居民区 105 个,比原有的 103 个增加了 2 个,其中职工家属委员会 28 个。居民小组 1204 个,比原有的 1227 个减少了 28 个,其中家属小组会 335 个。

(二)

对这次改选居民组织的工作,有以下几点体会。

1.认真贯彻积极分子的三项条件,由于认识到条件就是政策,因此,必须向干部、积极分子、居民群众全面交手,具体掌握。街道推动组对积极分子进行政治审查、政策作风审查,用阶级观点分析,对待积极分子:对有政治问题和严重违反政策,作风恶劣严重脱离群众的从严处理,坚决予以淘汰、清洗;对有一般出身历史和犯有一般错误并表示改正的从宽处理,适当予以安排。从而保障了居民组织和积极分子队伍的纯洁性,使居民组织的领导权掌握在政治可靠的劳动人民手中。

2.充分做好对原有积极分子的摸底排队,其主要方法是:"条块"结合、分层进行,排队中掌握"三严、三宽"(政治问题严,政策作风宽;主任委员严,组长宽;新积极分子严,老积极分子宽)的精神。同时,放开眼界,物色培养新积极分子,下大力量做艰苦细致的工作,放手发动群众,采取兵对兵、将对将入户拜访,积极分子串联等方法进行动员,培养新生力量,将具备条件又受群众拥护的人充实到居民组织中来,尤其是热心居民工作的老退休工人和精简回街道的老居民积极分子。

3.此次改选工作较为顺利的主要原因,除区人委把居民组织改选工作列入街道工作会议的议程中,引起了高度的注意,加强做好此项工作外,还有采取了典型示范、以点带面的工作方法,从而推动了改选工作的全面开展。除了区人委在工作全面开始前进行了两个居民区的试点,总结了情况,做了经验介绍外,各街道在改选工作的几个主要环节,也采用了典型示范的办法,一般都由街道推动组的领导干部或有经验的街干部先进行一片,从中总结经验教训,起到训练干部、推动工作的作用。

4.充分发扬民主,发动群众,依靠群众。居民组织的性质是群众自治性的组织,在改选工作中应发挥自治的作用,但是街道推动组必须态度积极,具体地指导,既不应放任自流,又不能包办代替,要依靠现有积极分子做好改选工作,深入发动居民群众行使民主权利。

5.改选工作采取的"四统一"(统一领导、统一思想、统一计划、统一行动),是做好改选工作的重要条件。此次工作充分发挥了街道推动组的作用。街、所、妇联、基层工会部门密切配合,不断地协调研究,特别是在人选安排上,采取了先摸底、后分家,统一安排的方法。做到根据条件从全局出发,互相照顾各有骨干。

6.将三类居民组织的改选和整顿工作结合起来,主要抓好三方面的工作:第一,分析三类居民组织存在的主要问题和形成的主客观原因,明确改选中应解决的问题。第二,重点抓好老积极分子的思想稳定工作,防止他们产生前一段工作没做好,这次改选得换班的消极情绪,并发动、依靠居民群众下大力抓好新积极分子的物色培养工作,切实把领导核心加强起来。第三,帮助解决实际问题,加强团结,健全制度,建立正常的工作秩序。由于这次改选把三类居民组织都放为重点,多数街道主任都是亲自动手,不仅解决了人选的安排,充实了力量,同时也深入扎实地解决了存在的实际问题,为改变落后面貌打下组织与思想上的基础。

　　此外,在改选途中,有个别地区对群众选举过于放手,曾发生有政治问题的家属当选为组长或有不应淘汰的人落选的现象(发现后已经纠正)。有的街道在人选安排上思想不够统一,也曾发生互争积极分子的情况。有个地区对选举程序注意不够,对居民小组长和妇女组代表采取了一次表决同时产生的方式。

天津市塘沽区人民委员会

1963 年 3 月 22 日

杭州市粮食局关于 1963 年二季度在居民区安排一批补助粮的通知[①]

杭粮〔1963〕购字第 651 号

各区粮食分局：

到 3 月底止,各区累计没有使用完的居民补助粮还有 190462 斤。今年以来,由于对城镇居民每人每月在原定量外增发了 1 斤成品粮的熟食券,加以目前蔬菜供应较为充沛,城镇居民的用粮情况较前一个时期有了很大的好转。但是,据我们调查了解,当前本市城镇居民的缺粮面,仍占居民总户数的 10% 左右,少数居民的用粮还是有困难的。为了进一步安排好他们的生活,二季度内仍拨出成品粮 16.5 万斤〔分区是:上城、下城各 4.2 万斤,江干(包括笕桥)、拱墅各 3 万斤,西湖 2.1 万斤〕,专门补助给口粮不足的居民使用。如果当前有的街道办事处留剩的补助数字很大,确实不需要安排的,可暂不安排,留在区内掌握。

补助粮的安排原则和方法,仍按以前规定办理。

杭州市粮食局

1963 年 4 月 13 日

【由杭州市上城区档案馆提供】

---

① 　原文标题为《关于一九六三年二季度在居民区安排一批补助粮的通知》。

杭州市 1962 年街道居民工作先进集体、积极分子评选工作情况和今后意见的报告

本市 5 个城区,遵照市人民委员会的指示,从 2 月到 4 月,对街道居民工作,进行了 1962 年先进集体、积极分子的评选,并召开了代表会议。5 个区共评出先进集体 114 个,积极分子 1078 名。这一次评选,进一步调动了广大居民组织和它的工作人员的社会主义积极性;树立了旗帜,激励了大家争上游、赶先进的革命热情;交流了经验,促进当前各项居民工作更顺利地开展。现在,街道居民工作已呈现出一种新的气象。

那么,主要有哪些具体收获? 工作是怎么进行的呢?

全市的居民委员会工作人员一般都奉公守法、勤勤恳恳为居民服务,受到群众赞扬。几年来,不论在动员居民响应党和政府的号召,遵守法律,向政府反映居民的意见、要求,或举办公共福利,领导群众治安保卫和调解纠纷等方面,他们都做了大量工作,取得光辉的成绩。这一次评选,进一步提高了居民干部的社会主义觉悟,大大提高了其对居民工作的认识。居民干部普遍反映:"我们做了一些应该做的平凡小事,党全部看到了,而且评价这样高,给了我们这样大的荣誉,只是我们工作做得不够,很惭愧,今后要更好地学习雷锋,做一个永不生锈的螺丝钉,报答党的关怀。"夹城巷居民干部汪爱玲老妈妈说:"党给我这样大的荣誉,是党对我的信任,拼老命也要做好工作。"有些居民干部,检查批判了过去"社会主义建设中,各行各业都评选先进,召开积极分子会议,只是居民干部没有","以为自己辛苦,怀疑党和政府是否看到自己忙忙碌碌工作,因而对居民工作的积极性有些动摇"等不正确的想法。凝海巷居民委员会主任过去看到治保主任、军属评了积极分子,就说"这些工作我都做了,功劳全是他们的",打算辞掉不干。现在她认为党对她的工作也是完全看到的,因而工作更愉快、更积极。这种例子是数不完的。总的说:居民干部认为评选在事实上说明了党充分重视居民工作,关怀自己的劳动,因而心情更加开朗,大大提高了荣誉感、责任心和积极性。这半年来,街道居民工作的任务主要有:普查、压缩城市人口,爱国卫生,打防疫针,积肥支农,拥军优属,冬令救济,城市管理,计划生育等等。特点是:工作多,任务重,要求高,时间短。评选成了促

进这些工作的巨大动力。街道提出"用实际成绩迎接评选"的行动口号,许多任务都完成得好,或者是比过去好,而且涌现出许多动人的事例。如金钱巷街道,4月份动员回乡人员达38人,比去年回乡人员最多的5月还增加了45%;普选工作提前完成,参选比例方面,12个选区,11个达到100%;"两勤"方针逐步深入实施,效果显著,居民储蓄从9000多元上升到13968元,吵架、小偷小摸的事大量减少;(据他们统计:过去经常吵架的有138户,现在93户已和好了;有小偷小摸行为的,过去有62个,现在58个已改变了。)打防疫针的达1万多人。之所以取得这样显著的成绩,一方面是街办加强了领导,充实了居民委员会的力量;另一方面也是评选激发了干劲。如民生路居民委员会主任和丈夫约好,到儿子家里去,丈夫免费火车票已办好(丈夫是在铁路工作),街道开了普选工作会议,她就开展了思想斗争:趁丈夫休假,去儿子家玩一个月,确是美事,但要普选了,居民委员会主任应该离开吗?结果,公事战胜了私事,她说服丈夫,放弃了100多元的免费车票。茶秋弄居民委员会主任不仅自己积极投入普选工作,还动员丈夫、子女一道搬去家具,布置选举站,这个选区的差错率只有0.4‰。华光巷、法院路等居民区,工作长期落后,现在干部带头,加强团结,决心改变面貌,迎头赶先进。还有一个普遍而突出的变化:过去开会很不容易,现在又快又齐。如长庆街道,过去开居民干部会,街道干部通知到小组长,并多次催请,到会者最多150人,现在只要通知居民主任,到会者一般在400人以上。

在评选过程中,大多数居民认识到这是自己民主生活中的一件大事,也是对自己组织和工作人员的一次考查,评选工作做得很认真。既评出了好人好事,也批评了缺点。有人包办代替,他们坚决不答应。因此,对改进居民组织及其工作人员的工作作风,是很有力的鞭策。有的居民在提出积极分子名单时,不是从群众中来,说:"积极分子,如果是指定的,我们没意见,如果要大家评选的,让我们自己来讨论。"华光巷的居民区工作长期落后,评选中居民指出原因:"前任主任架子大,工作不负责任,贪小便宜,将这些批评作为良好的借鉴,工作有了显著的转变。"许多新当选的居民干部,不仅纷纷表示要认真学习老居民干部不辞辛苦、不怕困难、不计报酬、任劳任怨的优良作风,还出现了许多谦让荣誉的高贵风格。如退休工人张宝谕,大家要评他为积极分子,他说:"我只做了半年居民工作,争取1963年评上先进。"十五家园居民区副主任孙秀英,大家提她为积极分子,她说:"我搬来此地不久,要在今后实际工作中再争取。"还有不少居民干部,加强了政策观念,主动检查缺点,如王马巷居民委员会主任,曾私自为一个替都锦生丝织厂加工的困难户开过一张发票,主动向街道检讨。池塘巷居民委员会主任,过去盖居民委员会的图章很随便,现在盖章一定要先了解情况。

积极分子的代表会议,对居民干部是一次系统而深刻的形势和任务教育,也是一次更加深刻的发展国民经济总方针的教育。他们兴致勃勃地说:"从我们自己的生活中,深深地体味到形势一天比一天好,这时农业生产最重要,不怕碰多少钉子,一定要把压缩人口、支援农业生产的工作做得更好。"居民干部"以农为荣"的思想更加牢固,完成压缩人口任务的信心更加坚定。

各区和街道办事处对这次评选工作都十分重视,街道党委一般都参加具体工作,领导具体工作,有的书记还亲自搞试点,总结经验,教育干部。工作步骤和方法一般是:组织街办、派出所的干警,学习市人委的指示,统一思想、认识;从上而下总结居民工作,肯定成绩,鼓舞群众;从居民干部到居民群众,反复说明评选积极分子的意义、目的和评选条件,自下而上酝酿提出积极分子名单,街办审查,摆出先进事迹,发动群众讨论;街办组织居民主任评比,报区批准;有些居民干部一贯积极,因受名额限制,评不上积极分子,事后再进行教育鼓励。由于自始至终抓思想教育,摆明先进事迹,发动居民充分讨论,居民干部和居民普遍反映:"这一次积极分子都是摆在桌子上评出来的,最民主。"但是,个别地方也发生了一些问题。有一些不服气的情况。如竹竿巷有些干部和群众说:"我们的工作不比观巷差,他们还出过几次事故,为什么他们评上先进居民委员会,又评上一个先进小组? 大概他们的干部能说会道。"街道干部觉得难以解释,看来是评选时,事迹摆得不够清楚。有的存在不民主、返工的问题。民生路居民区,一个民警凭自己的主观想法提出×××、×××应评为积极分子,群众说:"她评为积极分子,以后我们工作勿用做了。"街办发觉后,重新再评。还有闹情绪、不团结的问题。茅廊巷居民区,事先对治保工作积极分子另外评选的决定(区的决定)交代不清,居民委员会主任被评为积极分子,治保主任没有评,思想不通,闹不团结。有的地方,由于中心任务紧,工作有些粗糙。

在各区的积极分子代表会议上,上城、下城,西湖、拱墅这几个区,都由区长亲自报告,有的区委书记也参加了会议。大会发言中,上城、西湖等区,有计划地组织经验交流,内容简明、重点突出,收效较大。有的区发言内容一般化,效果就较差,最集中的有三条:居民的觉悟程度、经济条件、生活习惯、文化水平很不一致,思想情况很复杂,一定要针对具体问题,深入细致地做好思想工作;居民中,最现实的是生活事务,群众的一切生活问题,一点也不能看轻、放松,要尽最大的努力,帮助解决具体困难,办不到的,要及时说明、解释清楚;大家的事要大家办,居民干部要分工合作,互助互谅,坚持团结,以身作则发动群众。代表会议以后,由于中心任务紧,不少地方会议精神贯彻不力,有的积极分子干劲不持久。

各区和街道,都认为这次街道的居民工作,评选先进集体、积极分子,对居民干部提高做好居民工作重要性的认识,增强荣誉感、责任心,加强团结,鼓舞干劲,促进工作,改进作风等,都发生了巨大的作用,今后应该继续做好。同时有的区和街道,提出了两条补充意见:

1.区或市评选积极分子,名额有限,虽然不能把工作一贯努力的人,都评上积极分子,但应给以鼓励。因此建议街道也作为一级,进行评比。

2.街道办事处干部和民警的工作对象是一致的,工作量可能还要多一些,民警参加政法工作积极分子的评比,因此要求街办干部也能参加街道居民工作积极分子的评比。

我们认为这些意见是合理的,并提出以下建议:

1.为了不断鼓舞街道居民区工作人员的积极性,提高他们的社会主义觉悟,进一步做好居民工作,今后每年进行一次街道居民工作先进集体、积极分子的评选,同时召开一次代表会议,街道办事处和它的工作人员,也一起参加评选。

2.街道办事处每季度或半年向居民委员会总结报告工作,同时对成绩突出的居民委员会和它的工作人员,进行口头表扬。

杭州市民政局

1963 年 6 月 8 日

【由杭州市档案馆提供】

杭州市上城区人委关于改变有奖储蓄办法及停止居民区代理储蓄收储工作的通知^①

上委办〔1963〕字第 131 号

各部门、各街道办事处、各有关单位：

　　经区人委研究,同意市人民银行上城区办事处《关于改变有奖储蓄办法及停止居民区代理储蓄收储工作的报告》,现批转给你们,希及时认真研究贯彻执行。

　　由于有奖储蓄办法推行多年,广大职工和居民群众已甚习惯,尤其是居民区的协储员曾做过许多工作,现在这个办法突然改变,以及停止了居民区的代理储蓄工作,很可能会产生各种误会。因此,必须切实做好宣传教育,以使这项工作顺利进行。

　　附件:关于改变有奖储蓄办法及停止居民区代理储蓄收储工作的报告

1963 年 6 月 27 日

关于改变有奖储蓄办法及停止居民区代理储蓄收储工作的报告

杭银上储〔1963〕字第 5004 号

上城区人委：

　　近据中国人民银行浙江省分行的通知,省人委决定,自 7 月份起改变有奖储蓄办法。即自 7 月 1 日起,有奖储蓄不再开新户(新开户改计利息),未存满的老客户仍可续存,依旧按月开奖。有奖储蓄因具有积零成整的特点,开办以来较受群众欢迎,已为国家积聚了一笔不小的建设资金。但由于利息是通过"奖金"方式分配的,中奖的多得,不中奖的不得,不够合理。又因为不少储户要求中途取款而使国家在利息上遭受损失,不给中途取款又使储户感到不便

---

① 　原文标题为《关于改变有奖储蓄办法及停止居民区代理储蓄收储工作的通知》。

而产生意见和误会。因此,我们认为改变有奖储蓄的计息办法是正确的。

同时,按市人民银行的规定,今后居民区协储员的主要任务是宣传党的勤俭建国、勤俭持家的方针,宣传节约储蓄的道理,动员居民群众合理安排生活,积极储蓄,而不再办理具体的收储"贴花"工作。可动员居民直接到银行或单位继续参加储蓄,委托代理手续费亦不再需要支付。各街道之前积存的手续费亦请全部加以处理。

根据上述两项决定,我们认为这在储蓄工作上是一次较重大的变化,正由于银行举办有奖储蓄和委托居民区代理收储已有十多年的历史,在群众中的影响较为深广,必须认真对待,做好工作,以求通过储蓄办法和做法的改变,促进储蓄工作的更好开展。为此,特提出如下几点意见,请给予支持贯彻。

1.请各单位(街道)领导立即召开一次协储员会议,把改变有奖储蓄办法和停止居民区代理收储的道理和今后储蓄工作的要求,进行一次解释和布置,要求居民区协储员今后进一步做好宣传动员工作,单位协储员在做好宣传工作的同时,进一步加强组织收储,把职工和家属原来在居民区存储的一部分存款引导到单位里来存储。

2.请各单位(街道)领导,能在7月上旬期间,结合职工(居民)大会的契机对职工(居民)群众进行一次宣传,向群众讲清改变有奖储蓄办法和停止居民区代理收储的道理,对群众进行一次教育。黑板报、广播等宣传工具也能配合进行宣传,以造成声势,使这次改变工作做得既稳又好,以进一步激发群众参加储蓄的积极性和自觉性。各种宣传材料由银行送至各单位。

3.各单位要进一步加强协储组织,加强组织收储,能在7月份发工资前,由代办员和协储员分片包干负责,全面进行一次储蓄登记,组织发薪代存。在动员登记时,既要做到登记巩固未存满的有奖储蓄老户,又要登记发展零整记账储蓄和贴花储蓄新开户。

4.银行应积极发展做好各单位(街道)领导的参谋,经常深入单位进行宣传、辅导和帮助协储、代办人员开展工作,吸收群众反映、意见和参加储蓄的变化动向,以不断改进、提高工作。

以上意见,如无不当,请批转各单位、各街道办事处予以贯彻。

中国人民银行杭州市支行上城区办事处
1963年6月23日
【由杭州市上城区档案馆提供】

杭州市人委批转市房地产管理处《关于取消
租户代表设立街道房管员的报告》①

市房地产管理处,市劳动局、民政局、财政局,各区人委:

　　市人委同意市房地产管理处《关于取消租户代表设立街道房管员的报告》,现批转给你们,希协同办理。

　　　　附件:如文

浙江省杭州市人民委员会

1963 年 7 月 8 日

关于取消租户代表设立街道房管员的报告

市人委:

　　本市房管部门管理的房屋共有 372 万余平方米,计 74000 多户租户,而现仅有专职房管员 71 人,平均每人要管理租户 1100 户左右。为了克服房屋管理上的困难,补房管员工作之不足,我们组织了租户代表 3529 人,协助做好房屋管理和代收房租工作。但因为某些租户代表的成分或思想作风不纯,陆续发现很多问题,突出的有:

　　1.贪污、挪用租金。如上城区下兴忠巷租户代表金云森是一个历史反革命分子,从 1960 年起,用虚报欠租的方法连续贪污、挪用租金 322 元。平远里租户代表孙绍章挪用租金 100 多元做投机贩卖的资本。下羊市街租户代表傅美琴用早收迟交的方法把每月收来的 70 多元房租用作开小店的周转资金。有的租户代表收了租金假报被窃、遗失,从中贪污。

　　2.私自转租、转让房屋,投机倒把,从中剥削。今年在换发租约中发现,租户代表不通过房管部门私自转租、转让房屋的有 1612 户次。有的租户或租户代表利用房屋转租,从中牟利,成为新的"二房东"。下城区东街路 566 号的金

---

　　①　原文标题为《市人委批转市房地产管理处"关于取消租户代表设立街道房管员的报告"》。

菊花利用国家经租房屋进行投机活动,1959年10月起先后8次转租,分别用抬高租金、预收一年房租等方法从中取利187元。江干区南凤段75号租户代表曹杏官私自转租公房,提高租金,做"二房东",从1961年2月至今年共转租25个月,从中取利62元5角。

3.欠租、漏收租金的情况比较严重。下城区建国中路有一处80平方米的房屋,在社会主义改造后的4年多里,租户代表从未去收过租,致国家损失租金1600多元。江干区在今年换发租约时,查出漏收租金房屋四处,共290平方米,少收租金1200余元。全市1962年积欠租金达10万元左右,欠租率为2.6%;今年1—5月累计欠租62100元,对国家收入的影响亦很大。

4.房屋管理不严,听任租户拆毁和损坏屋内设备的情况经常发生。租户代表都是不付报酬的,只是每年给予一定的奖金,加之对他们的思想教育工作抓得不紧,因此极大部分代表的工作积极性不高。建国中路216号公房的大门和板壁被租户拆除移作他用;前年造好的延令新村房屋使用不到两年,现在破损情况很严重,所有的大门玻璃都被打破了,许多厕所间的门掉下来了,浴室卫生间的龙头、零件都残缺了,走廊、卧室的许多墙壁被熏黑了。对于这些情况,租户代表都熟视无睹,置若罔闻。

针对上述情况,为了吸取经验教训,切实加强房屋管理工作,堵塞漏洞,我们的意见是取消现有各街道的租户代表,设置街道房管员200名。具体办法如下:

1.街道房管员由劳动局、民政局会同各居民委员会,从烈军属和退职退休老工人、工厂企业精简出来的、生活困难需要在城市安排就业的人员中,选择一些政治可靠、作风正派、具有一定工作能力的人来担任。

2.街道房管员不是脱产的专职人员。他们的主要任务是:管好房屋和附属设备;按月催缴房屋;及时反映房屋损坏情况和租户意见;向租户进行爱护房屋的宣传教育等。

3.街道房管员按街道办事处范围设置,其行政业务工作受街道房管站管理。

4.根据街道房管员管理的租户多少和工作表现,每月给予一定的生活补贴。其所需费用由房管部门按月从租金收入中提取一定比例拨交各街道包干使用。街道房管员不享受劳保待遇。

以上报告,当否,请批示。

杭州市人民委员会房地产管理处
1963年6月8日
【由杭州市档案馆提供】

上海市人民委员会发布关于里弄委员会
协助推行行政业务工作的若干规定的通知

沪会张字第 515 号

人民委员会:

　　现将《上海市人民委员会关于里弄委员会协助推行行政业务工作的若干规定》发给你们,请结合实际情况贯彻执行。本规定发至街道办事处,由街道办事处负责向里弄委员会布置执行。

1963 年 8 月 26 日

上海市人民委员会关于里弄委员会
协助推行行政业务工作的若干规定

　　里弄委员会(以下简称里委会)是居民委员会的自治性组织,既不属于基层政权组织,也不同于行政业务部门的基层单位。它的任务是:密切联系居民,了解和反映居民的意见和要求,对居民进行政治教育,动员和组织居民响应党和政府的号召,完成各项中心任务。对于行政业务部门某些有关居民的工作,里委会应该积极协助执行一些必要的宣传教育工作和组织工作,但是不应该代替行政业务部门办理具体业务。为了改进里委会协助行政业务部门推行某些有利于居民的工作,现作如下规定。

一、发放票证工作

　　关于居民各项票证的发放工作,目前市、区和街道已经通知粮食部门建立票证管理机构,加强领导管理。今后,居民的副食品购买凭证和购烟券分别由菜场和食品杂货店发放,其余"以人定量"和"以户定量"的票证(包括外地职工汇款赡养留沪家属和外地返沪退休人员的日用工业品购货券)的具体发放工作,如核实人数,编造名册,按户(人)配置票证,汇总结算等,都由街道粮管部门负责。发票手续应该简化,便利群众。为了减少发放事务,分年、分季、分月的应该尽可能并在一起发放。

　　在票证发放工作中,居民小组长应该协助行政业务部门,进行宣传教育工作,并且按时通知居民到指定地点领取票证。

二、出具证明工作

目前涉及人民日常生活的许多问题,有关行政业务部门大都需里委会出具证明,不仅影响里委会正常工作的进行,而且手续繁杂,使群众感觉不便。今后,除了中央国务院、市委和市人委规定证明的事项需要继续出具证明以外,凡是市、区行政业务部门需要证明的事项,应该报经市、区人民委员会批准。对于没有经过市、区人民委员会批准而自行要求里委会出具证明的,里委会可以拒绝办理,并反映给市、区人民委员会处理。

对于目前已有的各种证明,应该按照以下规定办理:

1. 某些带有社会性或者系里委会经办的事项,如调换棒冰卡,居民遭受重大意外损失要求补助粮、油、布等票券,邮件写错,户口簿对不上,倒流户口领取汇款等,必要时可以仍由里委会出具证明。

2. 少数带有社会性而又比较重大或者政策性较强的事项,如申请困难补助,孤老人员申请进养老院,居民申请救济生活困难,救济棉衣、棉被,照顾供应棉花胎,申请补助回乡车旅费、住院医药费,减免火葬费,学生申请补助赴高校学习车旅费,以及社会青年投考高等学校需要证明学习情况,居民去外地登记结婚需要证明婚姻状况,去外地旅行解决住宿问题需要证明身份,去外地探亲需带出或带进少量物资需要证明确系自吃自用等,应该由里委会反映情况,由街道办事处出具证明或者审批。

3. 外地单位函请里委会查复情况或者要求证明的事项,如倒户口新生儿到外地申报户口,困难户去外地读书申请享受助学金,外地有关单位来函了解该单位职工、学生、军人在沪表现或家庭经济等有关情况,外地来沪调查的材料要里委会盖章证明等,须由里委会反映情况,由街道办事处复函或者出具证明,里委会不得对外地行文。

4. 属于业务性问题,需要弄清情况的,如居民申请补发购粮证、火油卡、棒冰卡,申请照顾购买大米、糯米、火油、碳结、粮食、借粮,遗失购粮证后临时购粮,照顾买牛奶,产妇要求送菜上门,临时人口、倒流人口申请购烟券,困难户申请减免学费和享受助学金,申请补助丧葬费,减免房租,减免税款,私房修理申请贷款,私房人员申请困难补助,职工家属能否享受家属劳保,职工家属退工后申请享受家属劳保,当票要求延期,职工家庭经济困难情况,居民文化程度,公房中某些设备是否确系私人装置,居民遗失自行车牌照,证明自行车所有权,居民是否需要装煤气,死亡原因证明,海外寄来物资是否自吃自用,照顾回乡居民不上缴当月票证,更改户口簿姓名等,应该由业务部门直接调查,里委会可以反映所了解的情况。

关于倒流人口和袋袋户口的粮食供应,如果需要弄清情况,应该由粮食部门下里弄调查,里委会和户籍民警应该主动反映情况,提供意见,由粮管部门研究决定。居民结婚登记,需要弄清婚姻状况的,应该由民政部门下去调查,里委会反映了解的情况;重大节日前后,申请登记的人数较多,除了某些必须由民政部门下去调查的以外,一般可以同里委会或户籍民警联系,由里委会或户籍民警协助反映情况。

5.属于业务性问题,不需要证明的,如居民申请调整粮食定量,照顾较好香烟,申请香烟补助,遗失购烟券要求照顾,要求收回代管房屋,房屋过户,自行车牌照过户,迁移户口写错名字请求更正,人工流产、绝育,卫生站购买卫生药品等,今后不应该再向居民索要里委会证明。有的居民为了某些需要,要求里委会出给不应出给的证明,如动员回乡的社会闲散人口要求证明转移香烟供应关系等,里委会应该说服解释,不要给予证明。

6.属于业务性问题,有其他证件可以证明的,也不应该再向居民索取里委会证明。如遗失缝衣单据、修表单据、洗衣单据、染衣单据、当票、行李票、简易人身保险单。领回失物,提前领取银行存款,外地职工调换上海布票,居民向图书馆借书,进补习学校学习,少数民族子弟身份证明等,可凭户口簿或者工作证处理;购买殡葬用品,死了人买冰等,可凭死亡证处理;婚丧事申请供应副食品,可凭婚丧证件处理;申请营养菜,可凭医生证明处理;倒流户口领取节日照顾商品券,可凭当月粮食供应临时证明处理;居民房屋所有权,可凭本人提供的有关产权证件处理;继承人领取遗款,可凭本人的有关证件,由银行直接处理;产妇提前买草纸,可凭产妇检查证处理;向外地单位报销劳保医疗费用,可凭医疗报销单据处理。

7.凡是可以由有关单位证明,或者由业务部门自行规定办法解决的问题,都应该由有关单位证明,或者由业务部门制定办法解决,不应该再向里委会索取证明。如困难户申请分期或者延期偿付医药费,应该由医院根据政府政策处理,或者会同民政部门处理,里委会可以反映有关情况;居民申请购买较好的棺材,应该由死者的有关单位证明,或者由商店自行调查处理;遗失食堂搭伙卡,应该由食堂批注意见,粮店核发;转移香烟供应关系,应该由食品杂货店证明;里弄集体事业申请夜餐粮,申请用布,申请购买地脚粉、糠油等下脚商品,应该由主管单位证明;了解居民政治历史情况,应该由公安派出所负责;学生探亲购买半价车船票,应该由学校证明,有学生证的可以凭学生证处理;从事家庭副业人员和为工厂、企业单位负责零星清洁工作的生活服务人员,向有关单位领取工资,应该根据市人委关于家庭副业分工管理的指示精神办理,属于为工厂、商店、企业加工的,由街道生产联营组证明,没有联营组的由服务站证明,饲料员出卖饲料、收取饲料费,由饲料收集组或者农副业生产组证明;动员回乡的社会闲散人口要求照顾购买蚊帐,可以由里委会反映情况,由区精简办公室证明;社会青年参加文化馆兴趣小组,工人俱乐部音乐演奏等组织,可以由地区团组织负责介绍;资产阶级子女身份证明,可以由工商联负责;居民领养小孩可以由双方直接签订协议书;居民写遗嘱、分家书,可以由居民自己邀请亲友证明;公安、司法机关执行逮捕、搜查、查封、启封,可以找适当的旁证人,如治保委员、左邻右舍等监督证明。此外,私人修缮房屋购买原材料,倒流人口、临时人口新生小孩照顾粮食和营养品,倒流户口领购买火柴、肥皂、草纸,倒流户口、袋袋户口申请生育补助用布,居民领回被市场管理部门扣留的物资,个体劳动者刻制图章等,都应该由有关业务部门制定管理办法,按照规定办理。

三、调查统计工作

为了弄清情况,做好必要的调查统计工作,今后凡是属于全市性的调查统计,都应该报经市人民委员会批准;属于全区性的或者一个、几个街道范围的调查统计,应该报经区人民委员会批准;属于一个、几个居民小组,或者属于一个街道范围的某一方面的调查统计,应该报经所在地街道办事处同意,并且报区人民委员会备案。对需要调查的事项,一般只做典型调查统计,非十分必要的不做全面的调查统计,以免浪费人力物力。调查统计的要求应该实事求是,事先周密研究,定出调查纲目和政策界限,规定调查范围、适当期限和工作方法。

关于调查统计的职责分工,原则上应该按照以下规定办理:

1.某些社会性的调查统计,如社会救济户、社会劳动力、居民缺少棉衣棉被等情况的调查统计,可以在业务部门的直接指导下,由里委会负责进行。

2.有些调查统计,如地、富、反、坏分子、里弄空管房屋等调查情况的统计,业务部门单独进行有一定困难的,应该以业务部门为主,由里委会给予可能的协助。

3.各群众团体对于本系统内有关问题的调查统计,应该通过本系统的基层单位,使用本系统的力量进行。

4.有些业务性较强的问题,如慢性病和传染性疾病调查、私房调查等,应该由业务部门自行调查统计,不应该交给里委会办理。业务部门在调查统计的时候,应该同街道办事处联系,以便统一安排,尽可能给予方便。

四、代办业务

属于企业、事业单位经管的业务,如收自来水费、电灯费、电话费、煤气费、牛奶费、保险费、马桶费,收房租,办理房地产税部分业务,代售邮票,代发牛奶等,一般应该由业务部门自行办理。自行办理有困难的,可以委托人民银行代办;人民银行代办也有困难的,可以委托里弄代办组代办,按照规定付给代办费。有关业务部门要加强对代办组的业务指导,提高他们的业务水平,同时,经常听取居民的意见,帮助他们改进服务态度。如果里弄没有代办组或者某些项目代办不了,有关业务部门不应该硬性交办。

五、一般行政业务工作

目前业务部门向里委会交办的一般行政业务,大都是应该由业务部门自己办理的事项,一般要由有关业务部门收回自办,必要时里委会可以反映情况,提供意见,协助对居民进行思想教育。有些行政业务涉及面广,工作量较大,完全由业务部门自办有困难的,里委会应该给予必要的协助。对特殊情况下的巡逻、纠察工作,里委会应该发动和组织居民参加;办理居民预购粮登记,里委会可以协助通知居民;核对粮食和副食品供应人数,居民小组长可以协助代收购粮证和副食品购买证;组织学生暑期活动,里委会可以给予必要的协助。

凡是应该完全由业务部门自行负责进行的业务,如补粮、借粮、提前买粮、催缴房租欠款、调配房屋、发房租缴款单、动员房主修理危险房屋、动员居民拆除违章建筑、动员居民义务修马路、了解申报户口和临时户口的情况和办理有关手续、访视传染病人、检查饮食摊贩卫生情况、了解校外小组学习情况、协助管理校外小组、代销石碱、协助推销蔬菜、代销宝塔糖等,应该由有关部门收回自办。个别由有关业务部门收回自办确实有困难,并且对群众很不方便的,可以改由其他适合的部门代办。如国家机关人员的退休金,今后应该改由人民银行代发,具体工作由银行储蓄所负责。

　　以上各项规定,较目前里委会协助行政部门进行工作的做法有较大的变动,各有关单位必须认真地向基层干部讲清道理,做好思想工作,使他们自觉正确地按照执行,同时,做好一切必要的准备。注意前后衔接,防止脱节,以免使居民感觉不便。在执行中,如遇到本规定所提到的一些问题,一般可以按照本规定的精神研究处理,不能解决的应该及时提出意见报告市人民委员会。对于仍旧要里委会协助进行处理的行政业务工作,各主管部门必须加强指导,给予必要的帮助,紧密协作,共同把有关工作做好。

杭州市居民区社会主义教育之
关于发扬爱国主义和集体主义精神的参考资料①

　　通过前面的学习,大家提高了思想认识,提高了阶级觉悟。认识到了当前国内形势大好,工农业生产有了发展,市场供应情况良好,人民生活有了改善;认识到了形势大好的原因,是党中央和毛主席的英明领导,是三面红旗的正确伟大。有的人说,形势所以这样好,千条万条,是党的领导第一条,这是确实的。

　　大家在认识形势好的同时,也看到了问题。看到我们在经济上还有困难,就是还要进口粮食;在穿的方面,布票还不能增多。政治上,认识到社会主义过渡时期还存在着阶级,还有阶级斗争,被打倒的地富反坏分子,有的不接受改造,千方百计企图阴谋破坏;封建主义、资本主义这两股势力还在猖狂进攻,反映到人民内部的两个阶级、两条道路的斗争还很严重。大家在这次学习中,不但揭露了不少的敌我矛盾,而且还看到了大量的人民内部存在的问题,这些问题集中表现在城市管理上:如有些人不经政府批准,随地摆无证摊贩,妨碍交通,扰乱市场;有些人不顾公共卫生,到处放鸡放鸭,乱倒垃圾药渣,甚至随地大小便,严重地妨害了环境卫生;有些人相信封建迷信,有病不看医生,死了人做道场,相信巫婆瞎子的胡说乱道;有些人不愿把子女送去支援农业生产,说什么农业没有前途,没有出息;有些人对子女升不了学、进不了公立学校,进不了全日制学校,就满腹牢骚,埋怨党和政府;有些人违反交通规则,乱穿马路,让小孩乱闯乱跑,甚至小孩玩火也不加管教。

　　所有这些问题都说明了我们还没有牢固树立爱国主义和集体主义的思想;这些问题的存在都严重地影响了社会主义城市的秩序,严重地影响了城市管理。特别是我们杭州市是国际风景城市,上城区又处在杭州市的中心,所以存在的这些问题绝不是小事,它反映了我们社会主义的主人翁思想树立得不牢固,反映了我们社会主义的新道德、新风尚发扬得不够,这实际上也关系到

---

　　①　原文标题为《居民区社会主义教育第三课 关于发扬爱国主义和集体主义精神的参考资料》。

我们劳动人民如何来管理社会主义城市的大问题。

下面我要谈谈怎样才是社会主义国家主人翁的态度。

社会主义国家是我们劳动人民自己的,所以我们对待国家的态度就应该是先公后私,先集体后个人;就应该积极响应党和政府的号召,并且努力去做。

(一)我们应该怎样来发扬先公后私、先集体后个人的精神

1. 如除四害讲卫生,这完全是我们劳动人民自己的事情。大家知道,在旧社会,反动派根本不管我们劳动人民的卫生和疾病,像小营巷得了一次传染病,就死了 43 人。解放以来,党和政府一贯重视我们人民的卫生,一直号召我们要除四害讲卫生,毛主席还亲自到过小营巷检查卫生。可是我们有些人在除四害讲卫生上没有先公后私的精神,而是自私自利,只要自己房间、门口清洁就算了,随便乱倒垃圾,乱倒药渣,随地大小便。这种人只图自己便利,满脑子的自私自利。这种思想是要不得的,这种行为也是错误的,大家应该对有这种思想和行为的人进行教育,帮助他们改正错误。

2. 关于晚婚和节育的问题。在这个问题上有些人存在不正确的想法,说什么生儿育女是命中注定,多子多女是福气好,这是一种迷信思想。有些人认为晚婚办不到,节育太麻烦。他们首先没有认识到计划生育,提倡晚婚,适当控制人口的自然增长率,使生育从无计划逐步到有计划,是我国社会主义建设中的经常工作之一;他们也没有看到目前我国人口增长速度过快的问题,全国每年增长 1000 多万人口,而华东地区就占一半以上,这样无限制的发展,不但同当前农业生产发展的水平不相适应,而且会给个人经济的负担、母亲的健康、子女的教育等方面带来不少的问题,过早结婚,生育过多,就一定会影响工作,影响学习,影响健康。所以提倡晚婚、节制生育绝不是个人的私事,而是关系到社会主义建设的大事。

3. 上山下乡支援农业生产也是先公后私的问题。有的人说,到农村没有前途,没有出息,这种思想实际上是轻视农业劳动,一心望子成龙、升官发财。他们没有看到社会主义建设事业要得到发展,首先要靠农业的发展,农业是整个国民经济的基础。我们要实现农业机械化、电气化的伟大任务也需要大批知识青年。农业生产的情况如何,与国家建设关系极大,所以我们认为积极去参加农业生产是大有前途的。

再从城市每年增长的人口来看,大批青年也不能都留在城市,如我们上城区上半年压缩城镇人口 3000 人,但也生出了近 3000 人,每年总有一批青年要

下农村去的,如果都住在城市,不但居住条件有限制,而且也会增加农业的负担,影响国家的建设,到头来对国家对自己都不利。

4.爱护国家财产,爱护公共设施,爱护一花一木,不但是一个人应有的美德,而且也是发扬先公后私的精神的表现。但是,现在有的人对国家财产不关心,有的还千方百计化公为私,这些行为是不能容许的,每一个公民都应坚决反对。

5.遵守交通规则,加强防火、防盗、防特,这不是私事,也不是小事,而是一件公事,一件大事。一旦发生交通事故,发生火灾,发生反、坏分子的破坏,既会对国家、个人造成损失,而且也会严重影响社会治安,因此,我们要提高警惕,加紧防范,才能防止这些事故发生,这样对国家对自己都有好处。

上面说了这么多,归根到底就是要我们树立社会主义的新道德新风格,就是要热爱祖国、热爱集体,只有这样,才能把城市管理好,也才能显示出社会主义国家主人翁管理好城市的才能与气魄。

(二)根据上面所讲的精神,向大家提出的几点要求

大家知道,我们伟大的国庆节将要到了。由于我们在国际上高举马克思列宁主义和无产阶级国际主义的旗帜,坚决反对帝国主义、各国反动派和现代修正主义,坚决支持被压迫人民和被压迫民族的革命斗争,所以我们的国际朋友越来越多,他们必定要到我们中国来参观访问。我们杭州是个风景美丽的社会主义城市,许多外国朋友和其他城市的人一定会来游玩。因此,我们一定要把城市管理搞好。我们的口号是迅速行动起来,踏踏实实,做好工作,迎接国庆;要求干干净净、太太平平、欢欢喜喜过国庆。为此,特提出下列几点要求:

1.干部带头,以身作则,发动群众,在国庆节前全面彻底地进行一次大扫除,并要进行一次认真的检查。要求室内百物大搬家,做到窗明几净;特别是公共场所的卫生,除了进行彻底的打扫以外,还要建立制度,专人管理,做到经常化。并且要彻底进行一次窨缸窨井的检查。要挖的挖,要修的修。养鸡养鸭的要圈养,并经常打扫清洁;看到马路上倒药渣的人要进行教育,使他们懂得这是一种迷信思想。真正做到户内户外、大街小巷清清爽爽,干干净净。

2.社会治安方面,要提高警惕,防止地、富、反、坏分子的破坏活动,并要加强对他们的监督和管制,教育他们老老实实改造自己;同时在发现形迹可疑的人时要及时向派出所报告。

每个人还应遵守交通规则，特别要教育小孩不要乱跑乱闯，以免发生交通事故。还要注意加强防火防盗。也不要去相信封建迷信，更不应该去搞封建迷信活动。

3.要遵守法令，禁止以票换物，更要禁止贩卖票证；摆无证摊贩是违反市场管理的，也是违反政府法令的，所以不应该去做，只有这样，才能使市场有条不紊，秩序井然。

4.要提倡晚婚，节制生育。国庆节快到了，青年男女往往选择在节日期间结婚，如果我们发现有些青年过早决定结婚，应该劝导他们推迟结婚，这样做对工作、对学习、对进步、对健康都有很大的好处；节日期间，也是夫妻相会的时间，又是宣传避孕的大好时机，所以我们要不厌其烦加强计划生育，进行避孕的宣传。

中共上城区委宣传部

1963 年 9 月 12 日

【由杭州市上城区档案馆提供】

杭州市民政局关于居民区反映的几个问题的汇报[①]

杭民〔1963〕字第 1311 号

杭州市人民委员会：

　　最近,我们调查一部分居民委员会,并召开了几个先进居民委员会主任座谈会,在调查访问和组织座谈中,反映出了居民区的不少问题和意见,除了对有关街道居民工作的意见在以后专题报告外,现将他们反映的对其他几个方面的意见,汇报如下：

　　1.在动员青年上山下乡工作方面,南浣纱路居民区居民干部反映共青团员不带头,使工作难以推动。如这个居民区的社会青年周竞泰,当着居民干部的面说："你们老是动员我们上山下乡,为什么一个团员也没有报名上山下乡?"建议有关单位加强对团支部的领导,对团员进行教育,发挥团员在上山下乡中起到的带头作用和骨干作用,以利工作开展。

　　2.有的居民认为教育部门在安排学生就学方面不合理,如南浣纱路居民区居民蒋美珍、陈玉英反映,浣纱河以北进天长小学,浣纱河以南分配到民办小学,民办小学设备差,学费高,认为凭地区分配不合理,应该通过招考录取的方法比较合理。

　　3.居民委员会坚持环境保卫制度,每天要打扫几次,扫帚很费,保俶路居民委员会干部提出,以后奖励卫生先进单位最好用卫生工具等实物奖励。

　　4.下城区林司后居民委员会干部反映,房管处在此处修建房屋,工程已竣工,而乱碎石污泥仍堆在那里,未做清理,现妨碍交通又影响卫生,居民委员会几次交涉,仍未处理,违反城市管理条例。

　　5.进行提倡计划生育和晚婚的宣传后,动手术绝育的人比以前多了,但有的医院少数医务人员采取的不是支持欢迎的态度,而是在接待要求动手术的人时表现出厌烦、不耐心。如第一医院有的护士同志当病人在动手术后发高烧,提出意见时,不是耐心劝解,而是厌烦冷淡。城头巷居民区反映上城区卫

---

　　① 原文标题为《关于居民区反映几个问题的汇报》。

生所的工作人员也有类似情况。他们要求宣传晚婚、计划生育,不仅要向群众宣传,而且更应该向医务人员宣传,使他们提高认识,改进医疗技术和服务态度。

6.南浣纱路居民主任陈桂香反映,自从开展破除迷信的宣传后,居民区里念经的比过去少了,但点烛烧香拜祖宗的迷信习惯仍然流行,算命卜卦的事情也还有。她反映,居民蔡雪珍少了裤子,去孩儿巷一算命瞎子那儿算命后,裤子找到了,宣传算命灵验,串通其他居民也去算命。她建议,除应对居民加强破除迷信的教育外,还应该请有关部门对算命者予以取缔。

7.在商品供应上,随着物质的丰富,供应方法也在不断地改进,现在主要在两个问题上粮食部门还经常征求居民意见,这是好的,但方法上常常要居民干部或居民代表开会这点不好,商业部门供应香烟,除烟票以外,增加部分仍要居民干部代购分配,还应改进。

杭州市民政局

1963 年 9 月 19 日

【由杭州市档案馆提供】

关于杭州市上城区岳王街道蕲王
居民区社会青年情况的初步调查①

一、基本情况

蕲王居民区共有社会青年 57 人。其中:男 29 人,女 28 人。

家庭出身:工人 10 人,职员 5 人,小业主 15 人,资本家 18 人,伪职员 7 人,地主 1 人,情况不明 1 人。

个人成分:学生 55 人,工人 2 人。

文化程度:大学 2 人,高中 13 人,初中 16 人,小学 25 人。

政治情况:共青团员 4 人,四类分子子女 9 人,右派子女 3 人,本人曾劳动改造 1 人。

这些社会青年的来源是:学校回来的 40 人,工厂企业精简回来的 14 人,机关单位开除回来的 2 人,情况不明的 1 人。

这些社会青年目前在居民区的情况是:(1)在家帮助搞家务的 5 人;(2)参加劳动学习和政治学习小组的 22 人(其中 7 人在读夜校);(3)帮助父母工作的 4 人(其中 1 人在搞地下包工);(4)做临时工的 15 人(其中 3 人在亲戚家里做工);(5)在家里没有事干,东跑西跑、游游荡荡的 6 人(其中有 1 人参加黑市剧团活动);(6)长期在外(在外埠亲戚家)、情况不明的 5 人。

二、存在的几个主要问题

居民区这些社会青年,从工厂和学校中回来,大部分都能听党的话,服从国家计划,有的响应政府号召,积极上山下乡,支援农业,有的积极参加居民区的工作,总的政治方向是好的。但是,这部分青年在居民区长期受不到教育,容易受资产阶级思想的影响,存在的问题也比较多,初步了解主要存在以下问题:

---

① 原文标题为《关于岳王街道蕲王居民区社会青年情况的初步调查》。

（一）轻视农业生产，对动员上山下乡支援农业有抵触思想。居民区动员上山下乡，从今年以来，先后已有4人响应号召，支援农业。现在留下的社会青年绝大部分对支农都思想不通，有的认为"念书念了十几年去支农，不合算，是大材小用"，"自己是五六年的技工，有技术，去支农太可惜"；有的认为"到农村艰苦，吃不消"；还有的认为"在城市反正还有临时工可做，等一等总能找到工作"。他们对居民区动员支农思想不通，开会不愿参加，上门访问故意躲开。青年江松华说："十年寒窗到农村，书白读了，到农村是浪费。"青年陈长命，居民区开青年会，他认为又是动员支农，请他三次不来，千方百计避开。有的抵触情绪很大。宁景仙（工人成分）说："老子死也不去支农，我就是不相信你们干部，你们要我支农，枪毙我也不去。"有些女青年，为了逃避支农，积极在城市里找对象、谈恋爱，有的过早结婚。据了解，该居民区有8个女青年在找对象，有5个已找到，有一个今年19岁，最近已结婚。

（二）对前途看法悲观，有的对政府有不满情绪。青年普遍认为"考不取学校，找不到工作，就没有前途"。思想悲观，情绪低落，政治积极性不高，有的团员甚至连组织生活也不参加。团员马关根说："国家形势好，我们学校考不取，工作找不到，蹲在家里没有前途。"青年江松华（资属）说："初中毕业考不取高中，方向没有，要去说是农村，我们青年什么时候才能出头。"有的对政府发泄不满情绪，散布不满言语。青年顾乔飞（资属）说："现在没有出路，学校考不取，临时工没得做，小生意又不好做。"青年乌松寿（父系伪军官，被镇压）说："国家形势好，我们工作天天找不到，证书出来就是支农，要是在过去，我小包车坐进坐出。"据初步了解，居民区青年中有不满情绪的有9人，其中四类分子家属2人，资产阶级子弟4人，小业主子弟3人。青年顾乔龙（资属）未考取学校，说："我们考不取学校，成绩是好的，主要是资属。"打报告到派出所，要求到香港去，未获批准，对现实极为不满。

（三）受资本主义活动的影响，参与各种违法活动。近两年来，在社会上资本主义势力猖狂进攻的影响下，部分社会青年经不住资本主义思想的侵蚀，也积极参与了各种违法活动。据初步统计，在57个青年中，曾搞过无证摊贩活动的有15人，贩卖票证、跑上海搞投机活动的有6人，有小偷小摸行为的5人，乱搞男女关系的1人，合计27人，占青年总数的47%。如女青年孟定英，今年才19岁，初中毕业后未升学，跑过上海，贩卖蔬菜等，本人作风又不好，和一些不三不四的人乱搞男女关系。又如青年徐宝龙，今年16岁，小学毕业后未升学，在居民区常和人打架闹事，贩卖票证，并有小偷小摸行为。

(四)不愿意参加居民区活动,长期受不到教育,变成不受任何管理的群众。在57个青年中,能积极参加居民区工作的仅8人(其中有2人是居民干部,担任福利委员和治保委员),开会一般能到,有些工作也能参加,表现尚好的有4人。这两种人共12人,只占青年总数的21%。其余尚有45人,都不愿参加居民的活动。他们对居民区的活动有三种看法:一是认为"居民区都是家庭妇女和老太婆、大嫂在一起开会,活动没啥意思";二是认为"居民区一开会,就是动员支农,我们都是对象,尽量避开";三是认为"居民区解决不了什么问题,居民区活动与自己无关"。所以,这部分人对居民区活动的态度是不闻不问,开会不到,活动不参加。现在,这些社会青年在居民区,实际上成为一种不受任何组织管理教育的人。他们在家,长期受不到教育,就必然容易受社会上的各种坏风气的影响,甚至走上邪道。如何把这些社会青年组织起来,吸引他们参加居民区的工作,加强对他们的教育,实在是一个突出的问题。

三、他们的要求和今后开展社会青年工作的建议

从我们接触的居民区社会青年所反映的意见和要求看,当前,他们突出的要求有三个:第一,不愿到农村去,要求在城市找到工作;第二,家庭经济情况好的,要求继续升学读书;第三,目前大部分人要求组织起来,帮助他们自学。我们在居民区第一小组召开了一次青年座谈会,全小组共有青年15人,有4人外出,到会8人,都表示愿意组织起来进行自学,开展一些活动。他们说:"在家里蹲蹲,不学习,又没有事做,人闷死了。"有的说:"原来在学校里国家大事还能知道一些,现在蹲在家里越蹲越笨。"有的说:"帮助我们组织起来是好,现在反修正主义,我们一点都不知道,组织起来就好学习了。"当时,未经动员,在大家的一致要求下,当场组成了一个劳动自学小组(现在已经有22人组织学习)。可见居民区青年对组织起来有迫切要求。

根据以上初步了解的情况,我们认为今后应加强居民区青年的工作。首先,通过各种学习小组,把他们组织起来,然后再进行细致的思想工作,逐步动员有条件去农村的青年参加农业生产,无条件地进行自学,帮助他们继续提高,为今后参加劳动或学习创造条件。并且在组织起来以后,就可以把他们动员起来,参加居民区的各项工作,发挥青年在居民区工作上的突击作用。

为了做好这个组织工作,第一,要街道团的组织加强领导,全团动手去做动员组织工作;第二,要培养、训练一批自学小组的骨干,依靠他们去串联青年,逐步组织;第三,居民委员会对自学小组要加强领导,大力支持,帮助他们

开展活动,解决一些实际困难;第四,自学小组建立后,可以逐步聘请一些辅导员,指导他们开展活动,帮助他们学习。

共青团杭州市上城区委员会

1963 年 10 月 9 日

【由杭州市上城区档案馆提供】

杭州市粮食局关于 1963 年四季度在
居民区内继续安排一批补助粮的通知

杭粮〔1963〕购字第 1777 号

各区粮食分局、笕桥粮管所:

  当前由于整个国民经济情况开始全面好转,粮食市场日趋稳定,城镇居民的用粮情况已有一定的改善。但是,在目前城镇居民中还存在着用粮不平衡的情况,还有少部分人用粮较紧,尚有困难,特别是第四季度已入冬季,根据人们的生活规律,食量将增加。为了关心群众疾苦,安排好群众生活。第四季度对用粮确有困难的居民继续给予适当补助。根据各区提出的要求,补助共 11 万斤〔分区是:上城 2 万斤、下城 3 万斤,江干 3 万斤(包括笕桥),拱墅 2 万斤,西湖 1 万斤〕。

  为了切实做好补助粮的使用工作,各区粮食部门和粮食供应站应配合街道办事处经常深入居民区,摸清居民用粮情况,对于经过节约用粮仍有困难而自己确实又无法解决的,应当实事求是主动帮助解决。对用粮稍有节余或基本平衡的居民户,应当继续提倡计划用粮,进行节约粮食和精打细算的宣传教育,不使缺粮范围扩大。

杭州市粮食局

1963 年 10 月 18 日

【由杭州市上城区档案馆提供】

杭州市上城区委、区人委批转人民法院关于加强街道居民区调解委员会组织建设和业务建设的报告①

区委发文〔1963〕字第 076 号

各街道党委,公安分局,区法院,各街道办事处,派出所:

　　区委、区人委基本同意区人民法院《关于加强街道居民区调解委员会组织建设和业务建设的报告》,现转发给你们,望研究执行。

　　人民调解委员会是群众性的调解组织,充分发挥他们的组织作用,对于及时解决民间纠纷,加强人民中的爱国守法教育,增进人民内部团结,促进生产和各项建设工作都有一定的作用。同时,调解活动也有利于社会治安,并且可以使人民法院腾出手来,集中力量打击敌人的现行破坏活动。因此,各街道党委、各街道办事处都要认真加强对调解委员会的领导,并要把这一工作列入经常性议事日程。尚未建立街道调解委员会的应迅速建立,并且要有一个负责同志监管这一工作。对新划入的两个居民区亦应建立调解组织。为了不断提高调解干部的政策业务水平,区委、区人委同意在 12 月间召开一次调解干部会议,区人民法院要做好会议的准备工作,各街道办事处应协助做好调解委员会的经验总结,以便在会议上交流。在业务分工上,对于找上门来的一般民间纠纷,不论是街道办事处,还是派出所,都应认真负责处理,相互不得推诿;对于殴打、伤害等有关治安管理的纠纷,派出所应主动负责处理,同时派出所、民警对居民调解组织、调解干部在业务上都有指导的责任。

中共杭州市上城区委员会

杭州市上城区人民委员会

1963 年 11 月 20 日

【由杭州市上城区档案馆提供】

---

　　①　原文标题为《区委、区人委批转人民法院关于加强街道居民区调解委员会组织建设和业务建设的报告》。

杭州市下城区关于组织基层民政干部和居民干部学习政策业务的通知①

各街道办事处：

　　民政工作是一项细致复杂的工作,条例、规定、办法较多,政策性很强。因此,组织基层干部,尤其是街道、居民委员会搞优抚救济工作的干部,学习民政工作的政策业务,提高他们的政策业务水平,发挥他们的积极作用,对做好优抚救济工作具有重要意义。这也是广大基层干部的迫切要求。为此,杭州市民政局根据有关的方针政策和上级领导机关历年来发布的主要指示,以及工作的实际经验,编写成《居民委员会民政工作业务教材(草稿)》,此教材(草稿)共分四个部分:第一部分"居民委员会福利委员会的任务和意义",第二部分"优抚工作的方针政策",第三部分"社会救济工作的方针政策",第四部分"怎样做好社会福利工作"。现将教材(草稿)翻印转发给你们,希组织广大基层干部认真学习,并对学习提出如下意见:

　　1.学习的对象(学员):主要是居民委员会主任,居民区福利工作委员会全体成员,街道管民政工作的(管片)干部。

　　2.学习方法和步骤:由民政科帮助街道主任备课,由街道组织学员集中上课,按片或按居民区编组组织讨论,各街道可根据实际情况,因地、因时制宜地安排。

　　3.学习时间:根据教材(草稿)的四个部分,一般可分四次讲解。每十天左右上课一次,讨论一次至两次,每次讲课和讨论的时间掌握在两个小时内为宜,预定在1964年1月底前学完。

　　4.注意问题:教材中有些问题可举实例说明,以帮助学员理解,遇到疑难问题,及时与区民政科联系研究解决。每次讨论后,街道必须抓好汇报,了解学员的理解程度,必要时在每个部分讨论后做小结,对理解不深透的问题,应进一步讲解和帮助加以澄清。

---

　　①　原文标题为《关于组织基层民政干部和居民干部学习政策业务的通知》。

5.为了搞好这一学习,各街道分管民政工作的主任要负责领导和组织工作,以保证达到学习的预期效果。学习结束后,应认真总结经验,以便搞好今后经常性的学习和工作。

这一份业务教材资料,是否符合实际需要,还是试验性的,请各街道在上课时结合具体情况讲解,并通过实践,提出修改意见,送区民政科。

杭州市下城区人民委员会

1963 年 12 月 4 日

【由杭州市档案馆提供】

杭州市居民委员会民政工作业务教材
参考资料之一(草稿)^①

居民委员会福利委员会的任务,总的说是关心居民的生活疾苦、发放居民的公共福利,它的业务范围很广泛,其中最主要的应该是做好以下几项工作:

1. 协助政府做好优抚复员安置工作。领导居民开展经常性的拥军优属活动,使爱护解放军尊敬烈军属,成为深入人心的社会风气;加强优抚对象的政治思想教育,关心烈军属的生活,及时向街道反映情况,帮助他们解决具体困难。

2. 协助政府做好社会救济,组织生活困难的居民进行生产自救,组织群众对救济户进行评议,发扬群众互助,照顾孤老、孤儿的生活,并及时向街道办事处反映困难户、救济户的生活情况。

3. 举办居民区共同关心的福利事业,向有关部门反映窨井、道路、水沟、路灯、桥梁、自来水等公共设施的意见。

4. 配合有关部门宣传贯彻勤俭建国、勤俭持家,发奋图强、自力更生的方针;教育居民厉行增产节约,管好家务,带好孩子,并宣传晚婚和计划生育等。

此外协助有关部门发放各种票据,督促危险房屋的修理,了解办理有关居民生活困难的证明等。

这些工作是很仔细、复杂、琐碎的,存在着很多困难,但是做好它是很光荣的。共产党对群众的生活问题一贯是十分重视的,毛主席教导我们说:"……要得到群众的拥护吗?要群众拿出他们的全力放在战线上去吗?那么,就得和群众在一起,就得去发动群众的积极性,就得关心群众的痛痒,就得真心实意地为群众谋利益,解决群众的生产和生活问题,盐的问题,米的问题,房子的问题,衣的问题,生小孩的问题,解决群众的一切问题。"现在我们要调动一切积极因素建设社会主义,就必须更好地关心群众生活,优抚救济工作虽然不是直接去生产粮食,生产钢铁,生产机器,但是它伸进到每一个角落,把它做好

---

① 原文标题为《居民委员会民政工作业务教材参考之一(草稿)》。

了,可以产生巨大的政治鼓舞力量。同时,许多居民委员会的实际经验证明:
"要大家来关心居民工作吗?那首先要关心居民的生活。"关心居民的生活是
做好一切居民工作的基础。

优抚、复员安置工作是全党全民的一项长期的政治任务,是我党和国家的
既定政策。它是根据我们人民军队的性质和整个革命的需要,以及阶级斗争
的形式而确定的,只要有阶级斗争存在,有帝国主义存在,我们就必须要巩固
国防,建设强大的军队,因此优抚工作是长期的、经常性的工作。当兵是尽光
荣义务;而做好拥军优属工作则是我国每个公民的光荣义务。做好优抚、复员
安置工作,不仅仅是为了帮助烈军属,残废军人、复员退伍军人解决生活困难,
激发他们的政治积极性,更重要的是通过拥军优属工作,可以提高人民群众翻
身不忘共产党,不忘解放军的爱国主义觉悟,可以鼓舞部队士气,激发青年一
代保家卫国的英雄志气,以增强国防力量,保卫社会主义建设。

做好社会救济工作,帮助孤老、孤儿、残废者和遇到不幸事故的人解决生
活困难,使老有所终、幼有所长、残疾者皆有所养,充分体现党和政府对贫苦劳
动人民生活的深切关怀,体现社会主义制度的无比优越性,使人们感到在我们
的社会里,生活都有保障,没有后顾之忧,对稳定社会秩序、维护社会治安、促
进工业八字方针的贯彻,鼓舞广大人民群众的积极性有一定的作用。

1963 年

【由杭州市档案馆提供】

杭州市居民委员会民政工作业务教材
参考资料之二(草稿)①

优抚工作的方针政策：

优抚工作是一项非常细致复杂的工作，条例、规定、办法较多，政策性很强，对于做好这项工作的重要意义和作用，前面已经谈过，现在为了进一步熟悉和提高政策业务水平，正确贯彻执行党和国家优抚政策，发动群众，更好地做好优抚工作，特根据中央和省、市历年来颁发的一些主要指示和现行政策规定，在这里谈谈。

一、哪些人是优抚工作对象，具体怎么区分

(一)优抚工作对象是：革命烈士家属(简称烈属)，革命军人家属(简称军属)，病故革命军人家属，失踪革命军人家属，残废军人，复员军人，退伍军人。

(二)烈属、军属、病故军人家属、失踪军人家属，有直系和旁系的分别：所谓直系烈军属，系指与烈士、军人同居的父母、子女、配偶，及依靠烈士、军人生活的 16 岁以下的弟妹，或烈士、军人自幼依靠其抚养长大现在又必须依靠烈士、军人生活的其他亲属。除此以外的亲属是旁系家属。

(三)具体区分范围

1. 烈属的范围

(1)凡参加革命军队、革命政府工作的革命军人、革命工作人员，因战、因公牺牲，或因病死亡，取得革命烈士资格者，其家属称烈属。

(2)烈属分孤老烈属、烈士子女、烈士遗孤：

所谓孤老烈属：是指烈士的父母和配偶，因年老没有子女和其他直系亲属供养，无依无靠的，称为孤老烈属。

所谓烈士子女：是指烈士牺牲后遗留下来的子女、现尚有母(或父)抚养的，称为烈士子女。

---

① 原文标题为《居民委员会民政工作业务教材参考资料之二(草稿)》。

所谓烈士遗孤:是指烈士牺牲后,遗留下来的孤儿,没有父母抚养的,称为烈士遗孤。

(3)夫妻一方参军牺牲后,其配偶与别人结婚,应否按烈属优待?

革命烈士配偶另结婚(夫另娶、妻另嫁)的,仍可保持其烈士家属的光荣称号,生活有困难的,可酌情予以优待。但烈士配偶与反革命分子结婚的,则不再保持烈属称号。

(4)革命烈士遗子随母改嫁,到继父家中,是否享受烈属优待?

如继父家中生活困难,仍应继续享受烈属优待到 18 岁。在 18 岁以后有独立生活能力,不再享受物质优待,政治优待可继续享受。

(5)烈士之父另娶之妻,或其母另嫁之夫,是否按烈属优待?

应视其是否对烈士负过抚养之责而定。

(6)烈士之同父异母,或烈士之母改嫁后所生之 16 岁以下子女,是否享受优待?

应视烈士在牺牲前是否与其共同生活而定。

2. 军属的范围

(1)凡参加中国人民解放军、公安部队服役,有军籍的现役军人,其家属凭现役军人所在部队团以上政治机关的证明,或凭县,或相当于县以上人民武装部门的证明,才能取得军属资格。

(2)军属有军官家属、士兵家属、病故军人家属、失踪军人家属之分:

所谓军官家属,是指在解放军、公安部队服役的准尉、副排级以上或相当准尉以上的有军籍的军人家属。原则上他们只享受军属的政治优待,不享受实物补助优待。

所谓士兵家属,是指在解放军、公安部队服现役的士兵家属。

所谓病故军人家属,是指军人在部队服役时,因病死亡的,其家属称病故军人家属。

所谓失踪军人家属,是指军人在部队服役时,因故失踪,不知下落的,其家属称失踪军人家属。

(3)妇女当兵后,是娘家还是夫家取得军属资格?

妇女参军后,军属关系应属娘家还是夫家享受,由女军人自己决定,证件寄给谁,就由谁家享受。

(4)同一经济单位之军属,如直系亲属死亡,非直系亲属是否取消军属资格?

同一经济单位之军属,如直系亲属死亡,又无其他直系亲属,仅有旁系亲属,暂可不必立即取消军属资格,但仅限于政治优待,不享受物资优待。

（5）军人无直系亲属,及负抚养长大之责的亲属者,其兄嫂是否可取得军属资格?

军人无直系亲属,其兄嫂又未曾对其尽抚养之责,虽然在同一经济单位生活,一般亦不应取得军属资格。

（6）军人寡母改嫁,是否承认其为军属?

军人寡母改嫁,其家属关系虽有改变,但其与军人仍保持有母子关系,故本人仍应享受军属待遇。

（7）军人未婚妻是否享受军属待遇?

革命军人未婚妻,可按军属优待,本人如在生产及生活方面确有困难,应予以适当照顾。

（8）人民警察可否享受军属待遇?

人民警察没有军籍,故其家属不享受军属待遇。但人民警察因公光荣牺牲或因病死亡以后,他们的家属可凭县、市公安局,铁路管理局公安处,长江航运管理局公安局填发的证明,同牺牲、病故军人的家属,享受同样的优待。但其中有享受劳保的,其家属只享受政治优待。

（9）军人之父另娶之妻或其母另嫁之夫,是否享受军属优待,应看其是否对军人负有养育之责而定。

（10）关于军人之同父异母或军人之同母异父的 16 岁以下弟妹是否享受优待,应视军人在参军前是否与其共同生活而定。

（11）革命烈士、军人之父母与革命军人分居是否享受烈军属优待?

凡革命烈士、军人之父母,不论其同居或分居,其与配偶（或子女）在政治地位上均应享受烈属或军属的光荣称号,双方如何享受物质优待,应视家庭具体情况而定。

3.革命残废人员的定义

（1）凡人民解放军及公安部队的官兵,因参战负伤,或因公致残,持有革命残废军人残废证者,称为革命残废军人。

（2）凡革命工作人员参战负伤,或因公致残,持有革命工作残废人员残废证件者,称为革命残废工作人员。

（3）民兵、民工因支前参战负伤,或因公致残,持有民兵、民工革命残废证件者,称为残废民兵、民工。

（4）人民警察因战负伤，或因公致残，持有人民警察残废证者，称为残废人民警察。

以上四种人员，一般统称为残废人员。

（5）残废人员有特等、二等、三等之分，这些等级在残废证件上都有详细记载。

4.复员军人的定义

（1）凡持有复员证者，称为复员军人。

（2）复员军人在部队曾患慢性病未痊愈者，复员回家后称为带病回乡复员军人。

5.退伍军人的定义

（1）凡应征服役后，退出现役，持有兵役证者，称为退伍军人。

（2）退伍军人在部队服役时患慢性病未痊愈者，退伍回家后称为带病回乡退伍军人。

6.残废、复原、退伍军人的定义

（1）残废、复原、退伍军人，在单位工作者，称为在职残废、复原、退伍军人；在居民区没有固定职业者，称为在乡残废、复员、退伍军人。

（2）转业军人在单位退职、离职后，在居民区没有固定职业者，与在乡复员军人同等待遇。

7.哪些人应该取消军属资格，停止优待

（1）凡由部队办理转业、复员、退伍手续，离开部队的，他们的家属不再享有军属资格，对他们应停止军属优待。

（2）凡部队已办理退出现役的手续，停止军籍，改为工资制留队工作的职员，他们的家属也不再享受军属待遇。

（3）凡革命军人逃亡或犯罪、被开除军籍者，应自接到部队通知之日起，取消其家属之军属资格，并索回军属证明书，停止优待。

（4）烈军属、残废军人，因犯罪被剥夺公民权利者，应及时向上反映，由有关部门按照规定收回优待证件，停止其本人应享受的优待。

二、优抚工作的方针、政策

（一）优抚工作的基本方针、政策

优抚工作的方针是"群众优待和国家抚恤相结合"，"政治教育和物质优待相结合"。这是党和政府一贯坚持的优抚工作的基本方针。在城区,主要贯彻"以组织生产为主,实物补助为辅"的原则,切实帮助烈军属和在乡残废、复员、退伍军人解决生活困难。与此同时,必须加强对优抚对象的政治思想和阶级教育,表扬好人好事,树立旗帜,保持荣誉,发扬艰苦奋斗的优良传统。

(二)烈军属优待的种类

烈军属优待有两种:一种是政治优待,一种是物质优待。

1.政治优待的定义

政治优待:主要是通过各种场合,提高烈军属、残废军人的社会地位,使人民群众尊敬他们、关心他们,给予他们政治上的荣誉和精神上的安慰。如基层组织经常登门访问;军人立了功,组织庆功贺喜;节日送光荣灯、贴光荣联、挂光荣牌、开展慰问;在开会或娱乐场所设置光荣席;在买物品时,实行优先供应;对年老体弱、行动不便、生活不能自理的烈军属、残废军人,居民区组织群众给予专门帮助;组织学生开展为烈军属做一件好事的活动等等。这些都是对烈军属、残废军人的政治优待。

2.物质优待的定义

物资优待主要是指在同样条件下优先安排就业和组织生产自救,生病享受减免费,住房享受减免租费,子女入学减免学费,以及国家的生活补助等等。使生活困难的烈军属达到当地一般居民的生活水平。

3.哪些人可以享受物质优待

(1)凡烈士、病故军人、失踪军人、现役士兵的直系亲属生活有困难的,均可享受。

(2)在乡没有固定职业、生活有困难的残废军人和在乡二等以上残废军人直系家属有困难者,可参照烈军属优待,给予适当照顾。

(3)在乡没有固定职业、生活有困难的复员、退伍军人。

4.享受物质优待的办法

(1)对于家居城区的优抚对象,凡是有劳动能力的,应当积极主动联系安排他们就业和组织他们生产。

(2)对于依靠自己的劳动收入不能维持当地一般群众生活水平和没有劳力、生活困难的优抚对象,应当给予适当补助。

(3)补助的方法有两种:一种是定期定量补助;另一种是临时补助。要求补助时,先个人申请,由居民区组织群众民主评议,上报街道审查。如是定期补助,由街道审查后,上报区民政科批准;如是临时补助,由街道审查批准。补助款都由街道发给。

(4)享受定期定量补助的对象:

①孤老的烈属和孤老病故、失踪军人家属;

②烈士、病故军人的遗孤和虽有亲属,而无力抚养的烈士、病故、失踪军人的未成年的子女;

③已经失去劳动能力而其子女又确无力供养的烈士、病故、军人的父母和配偶;

④生活有困难的在乡三等残废军人;

⑤生活困难的退伍老红军,年老体弱丧失劳动能力、生活经常有困难的复员退伍军人;

⑥带病回乡、长期不能劳动、生活有困难的复员退伍军人;

⑦家庭人口多、收入少、又无劳动可组织生产,而生活困难的烈军属;

⑧家庭人口多,没有其他收入,生活有困难的二等以上残废军人。

(5)享受临时补助的对象:凡享受物质优待的优抚对象在发生一些特殊性、临时性的困难时,均可以享受临时补助。

(6)生活有困难的烈士、病故军人、失踪军人、现役士兵、在乡残废军人子弟入学,帮助优先享受人民助学金和减免学杂费。

(7)生活有困难的烈军属、在乡残废、复员退伍军人疾病治疗,由居民区反映情况,街道证明、区民政科介绍门诊或住院治疗,并酌情减免医疗费。

(8)生活有困难的烈军属,在乡残废军人在缴纳公房租费有困难的,居民区应及时向房管部门反映,提出优先减免的建议。

(三)优待的标准

优待对象的优待标准,以使他们的生活达到当地一般群众的生活水平为原则(目前市区优抚对象暂定为生活水平在10元以下的为困难户)。

1.对于烈军属有直系亲属在机关、厂矿、企业等单位的,他们的生活苦难如何解决?

烈军属有直系亲属在机关、厂矿、企业等单位工作的,其生活苦难应由其所在单位负责解决;所在单位解决后仍有困难的,政府再给予适当帮助。为了及时解决军属的生活苦难,居民区或街道,应主动将烈军属家庭经济情况向单位反映。

2.在职职工应征入伍后,其家属是否享受原单位福利?

从机关、厂矿、企业等单位参军的职工,在他们服兵役期间,其家属仍应享受原工作单位的劳保福利待遇;他们的家属原住机关、厂矿、企业等单位的房屋,仍应允许其居住。

1963 年

【由杭州市档案馆提供】

杭州市居民委员会民政工作业务教材
参考资料之三(草稿)[①]

一、社会救济工作的方针政策

社会救济,是国家主办的人民大众的救济福利事业,党制定了方针,政府又制定了许多具体政策,这里只谈两个问题。即:社会救济的方针是什么,怎么样来认识这条方针? 社会救济工作中要掌握哪一些主要的政策界限?

社会救济的方针是什么? 社会救济的方针是"生产自救、群众互助,辅以政府必要的救济"。这条方针是党和政府根据国家、集体、个人三者的利益和力量相结合的原则,在实践中总结出来的,行之有效的方针。多年来,我们一直根据这条方针,指导社会救济工作,取得很大成绩。那么我们怎样来全面、正确地认识这条方针呢?

首先是生产自救。这是解决有劳动力的城市贫民生活困难的根本途径,也是自力更生、战胜困难、生活富裕起来的重要办法。贫困居民,在党的教育下,一般都是勤劳节约的,希望通过自己的劳动解决困难,不希望依靠救济。因此,组织生产自救,不但可以发挥居民中的劳动力和半劳动力的作用,通过劳动改善生活,减少国家救济支出,而且还能满足他们为社会主义建设创造财富,贡献一分力量的愿望。生产自救,也是城市贫苦居民的迫切要求,所以我们在贯彻社会救济的方针时,应该把组织生产自救放在首要地位。

其次是群众互助。亲邻相帮、互助互济,这是我国劳动人民的美德。几千年来,我国的劳动人民一直都有守望相助的传统习惯,在新社会里,群众互助是发扬阶级友爱的一种具体表现,群众互助与摊派、募捐根本不同。群众互助是建立在完全自觉自愿的基础之上的,不要把这两件根本不同的事情混在一起,群众互助的内容,包括劳力和物质两方面,主要应该是劳力上的互助,特别是年老体弱的,更离不开群众在日常生活方面的帮助,如洗衣、担水、劈柴、代买东西。同时,群众互助、尊老爱幼、痛痒相关、心心相连,可以使劳动人民在

政治上团结得更紧密,因此我们要继续发扬互助互济的友爱精神,增加阶级感情,加强团结。

最后是政府必要的救济。政府救济,是指通过生产自救、群众互助,解决不了生活困难时,政府来发给生活费,这是一项重大的社会保障。在旧社会,反动政府根本不管劳动人民死活,新社会人民政府处处关心群众生活,每年都拿出大批救济款解决贫苦市民的生活困难。但是我们应该明确,我们是在"一穷二白"的基础上建设社会主义,目前国家在经济上还有不少困难,还没有力量把群众的困难全部包下来,目前受政府救济的也只能限于解决基本生活。

上面三个方面,是社救方针的基本内容。这三个方面是一个整体,是互相联系的,不能把它分割开来。

二、社会救济工作中要掌握的主要政策界限

1. 什么人可以享受社会救济? 总的说来是无组织依靠、无生活来源的社会困难户,具体说来有以下几种人:(1)无依无靠,丧失劳动能力,无生活来源的孤老、孤儿、残废者;(2)无固定职业、无组织依靠的,家中人口多、劳力少,或主要劳力死亡、患病,收入不能维持全家最低生活的贫苦居民;(3)遭受不幸事故,生活发生困难又无其他依靠的贫苦居民;(4)没有直系家属在机关、团体,以及全民所有制企业、事业单位工作的精简,退职,退休回家的人员及家属。

小商贩、独立劳动者,社办企业和集体所有制企业,民政部门领导的福利工厂的劳动者家属,如生活有困难,首先应该同他们的领导部门或工作单位联系帮助解决,经过联系,他们的领导部门或工作单位确实解决不了时,也可以给予必要的社会救济。

机关、团体、学校和其他全民所有制企业事业单位工作的职工家属,生活有困难时不能靠社会救济,但应向他们的工作单位反映,由单位帮助解决。

2. 已经参加生产自救或得到群众互助的人,是否还可以再享受社会救济?已经参加生产自救或得到群众互助的困难户,如果他们的收入和群众互助加在一起,还不能解决基本生活,则政府仍可以给予救济。不能因为他们已经参加生产自救或者得到群众互助,就一律不救济。特别是老人,或者残废者,参加了生产后,有少量的收入,不要去扣除救济,使他们的生活过得好一点,当然一般救济户参加生产自救后收入很多,应当适当减少救济,如果已能维持基本生活,也就不必再救济了。

3. 哪些人可以长期救济? 哪些人可以临时救济? 凡是社会救济对象中,

在短时间内生活不可能好转的,可以给予长期救济;临时性、季节性发生困难的,给予临时救济。上面所讲的小商贩、独立劳动者,社办企业和集体所有制企业劳动者的家属,原则上都只能享受临时救济。

4.救济款可以开支哪些项目?标准是多少?救济款主要用以解决困难户的吃饭、穿衣问题,救济户自己的房屋,如果需要修理,在维持不倒、不漏的原则下,也可以适当救济一点,帮助他修理房屋。救济款不能用于看病、学技艺、买蚊帐、添用具等吃饭和穿衣之外的用途。救济标准,主要以困难大的多救济,困难小的少救济,使他们的最低的基本生活水平得到保证为原则,精简人员的水平应稍高于一般救济户。

5.社会救济方法和手续怎样?救济方法是:"群众评议,领导批准,张榜公布。"长期救济户经过群众评议,街道办事处批准后,由街道发给救济卡,按月向街道领取救济款;张榜公布形式,可以多样,书面张榜,在一定的群众大会上宣布一下,或将长期救济户名单和金额公布。临时救济,要由本人申请,居民小组长、居民福利委员会事前调查清楚,向街道办事处反映困难情况,街道办事处审查批准,每个季度公布一次。

6.组织生产自救,要掌握下列原则:(1)工种应该粗工易学、投资少、容人多、工具简单,以手工业为主,不要贪大贪洋。(2)方向是为工业、农业、人民生活服务。(3)形式以集中领导,分散生产为主,可以集中又必须集中的也可以集中。也可以由困难者直接和加工单位挂钩,长期性、季节性、临时性都可以,有活就做,无活就停,机动灵活,不要强求一律。(4)资金来源以自筹为主,政府也可以适当帮助。

7.关于疾病问题,根据国家财力和医疗设备,现在疾病问题不能包下来,原则上有病应该自己去医治,只有那些急病重症不治有生命危险的才给予治疗费用的减免,减免费由本人申请,街办证明,卫生部门批准。

8.哪些人可以收容?无依无靠,劳动力完全丧失,日常生活也不能自理的孤老残疾者,可以送残老福利院养老;无家可归、一贯游手好闲不务正业、流浪社会的人,可送生产教养院或农场收容改造;弃婴、不能自理生活的孤儿,送儿童福利院收容教养;虽有家可归,但一贯过流浪生活,家庭和居民区都无法管教的,可送少年儿童教养院代为管教,由家长负责生活费和必要的管教费。以上这些收容都应报市民政局批准。精神病人报公安部门处理,麻风病人送卫生部门处理。

【由杭州市档案馆提供】

杭州市居民委员会民政工作业务教材
参考资料之四(草稿)^①

这一课,主要向大家讲一下怎样做好社会福利工作。

首先,要牢固地树立政策观点、阶级观点、群众观点,对于优抚和救济工作,党和国家,根据长远利益和目前利益相一致,国家、集体、个人三者利益相一致的原则,制定了许多具体政策。我们的每项工作,都要照政策规定去办。无数的事实证明,严格按照政策办事的,工作就做得好,违反政策的,工作就做不好。要牢牢记住党的政策是我们的生命。我们的国家,还存在着阶级和阶级斗争,办福利事业,也必须有显明的阶级观点,我们首先关心的是劳动人民,对劳动人民的困难和剥削阶级分子、反革命分子、劳改分子等的困难,不能一律看待。前者是阶级兄弟,要把他们的困难当作自己的困难,予以深切的同情、关怀和具体的帮助。对后者的实际困难,当然也要给以救济,使他们也能活下去,但首先要督促他们劳动生产,从劳动中改造自己的思想立场,经过自己的努力劳动,仍不能维持最低生活的,才给予必要的救济,这是我们革命的人道主义。群众路线是我们一切工作的基本路线,群众的生活问题是非常具体和复杂的,只靠政府和它的工作人员是做不好的,必须依靠群众才能办好,如烈军属,孤老、孤儿的困难,是各方面的,如排水、洗衣、卫生、疾病等,离开了广大群众的帮助,就没有办法照顾周到。举办公共福利,则更需要依照大家的需要去办,决不能照少数人的意见去办。

其次,要掌握实际情况,做任何工作只有情况明,才能下决心,才能有正确的工作方法。群众的生活问题,只有针对具体情况,才能解决得好,对烈军属要建立定期的访问制度,并把他们的生活情况,一户一户详细地登记起来,对困难户也要经常走门串户,访贫问苦,一户一户详细地登记起来,这些登记的材料,如情况变化了,就及时地予以修改。对于生活有困难,但有劳动力者,首先要动员帮助他们参加力所能及的劳动生产,对于有条件参加农业生产的要

---

① 　原文标题为《居民委员会民政工作业务工作教材参考之四(草稿)》。

积极鼓励他们去参加农业生产,尽了自己的努力仍有困难的,政府给以救济,处理日常生活也有困难的无依靠的孤老,不仅要救济,还应动员附近群众在吃饭、排水、洗衣等具体问题上都给以照顾,只有情况掌握得全面具体,解决问题才能正确及时。

最后,要加强学习和宣传。我们干部要加强学习,从思想上进一步认识到做好优抚救济工作的重要意义,熟悉政策方针,改进工作方法。除了我们干部自己要加强学习外,还要经常深入地向周围的居民群众进行宣传教育,宣传革命前辈艰苦卓绝、公而忘私的大无畏精神,宣传解放军保卫祖国的英雄气概,宣传国际上还存在帝国主义、反动派、现代修正主义,他们想来欺侮我们。通过宣传教育,加强广大居民群众的国防观念,使拥军优属人人有责的道理家喻户晓,使拥军优属的社会风尚发扬光大,使拥军优属工作经常化和群众化,使尊重优抚对象的政治荣誉,真正建立在干部和群众自觉的基础上。同时也还要组织烈军属学习,对其进行登门访问等,教育烈军属站稳革命立场,听毛主席的话,走社会主义道路,教育他们保持和发扬革命传统,在任何时候,都要艰苦奋斗、自力更生,不要单纯依赖群众优待和政府补助,教育他们规范地遵守政府的政策法令,在社会主义建设中发挥积极作用。

在社会救济工作方面,要向群众进行阶级教育,使群众进一步认识到开展社会救济是党和政府对劳动人民的深切关怀,体现了社会主义制度的优越性,从而促进广大群众主动关怀社会贫困户,帮助解决困难,使尊老爱幼、亲邻相帮的社会风尚更好地发扬。同时也要教育救济户自力更生,教育他们认识国家救济款来之不易,克服单纯依赖政府救济的思想,积极参加力所能及的劳动,改善自己的生活。

1963 年

【由杭州市档案馆提供】

杭州市下城区关于珠壁弄居民区妇代会
帮助烈军属照顾好家务工作的简报^①

优〔1968〕字第 1761 号

各区民政科、各街道办事处：

　　为了交流经验，相互学习，促进群众性拥军优属活动的经常开展，最近，我们对下城区潮鸣街道珠壁弄居民区的拥军优属工作，做了一些了解。我们认为珠壁弄居民区，根据市、区领导关于加强优抚工作的指示，在街道办事处的领导下，结合中心，开展了比较广泛的群众性拥军优属活动，做了不少工作，取得了一定的成绩。现仅将该居民区妇代会发动干部和妇女，帮助缺乏劳动力或因病不能自理生活的军属，解决日常生活困难方面的情况，简报如下，以供参考。

　　珠壁弄居民区，共有居民 495 户 2303 人。其中有烈军属 37 户 207 人，他们中有 4 户年老体弱、缺乏劳动力或因病不能自理生活，妇代会从去年改选以来，就经常发动干部和妇女群众，帮助他们解决日常生活上的一些实际困难。如军属周阿二，61 岁，身体弱，常患病，家务和 4 个小孩（最大的 6 岁，最小的 1 岁）无人料理。妇代会得知后就由主任王清云亲自到周家，陪军属去看病，帮助抓药、熬药、烧饭、服侍病人，照料小孩，并发动其他妇女干部帮助洗补衣服、打扫卫生、倒马桶等，数月如一日。军属感动地说："居民干部比儿子、女儿待我还要好。"又如军属王永香，是个在职工人，身体有病，单位动员她去疗养，可是家里有一个年逾 75 岁、瘫痪在床的婆婆和一个 9 岁的小孩无人照料，心里很着急。妇代会得知，就由妇女干部、治保主任秦爱香等到王家，劝军属安心去修养，养好身体可以工作，家里的事由他们包下来。就这样，王永香修养了 5 个多月，家里的日常生活，像照料病人吃饭、大小便，热天帮病人洗澡、洗补衣服、晒被子、领取票证、照料小孩等一些家务，全由妇女、福利、文卫、治保干部帮助做好，病人服侍得舒舒服服，家里弄得干干净净。同时，干部的行动也

---

　　①　原文标题为《关于珠壁弄居民区妇代会帮助烈军属照顾好家务工作的简报》。

感动了住在军属周围的邻居。如在职工人楼炳春，住在王家对面，他利用每天早晨上班前的时间，帮助军属倒马桶、冲泡饭，照顾老人和小孩吃饭，有时还背病人上下楼晒太阳，平常休息天还帮助军属做一些零碎的重家务劳动。军属深受感动。又如军属叶菊英，丈夫在四川的一个部队里服役，家里没有老人，有4个小孩，大的9岁，小的2岁，自己身体又较弱，平时有些家务，就是由干部和邻居帮助照顾的。而她的小孩，身体也不太好，经常生病。每当小孩一生病住院，她是急得不知如何是好。干部得知后，总去劝慰她，并经常到医院看望，在热天时还调换她回家洗澡、吃饭。而家务和几个小孩的照管，都由干部和邻居帮助。军属感激地说："干部比亲人还要好，照顾军属真周到。"此外，有一户军属房屋被台风吹倒了，干部和群众都动手帮助搬东西，居民主任还利用一天的时间，尽义务帮助修盖。像这样帮助烈军属做一些日常家务的事例，不胜枚举。拥军优属，照顾烈军属，已成为珠壁弄居民区妇代会和干部及居民群众的自觉行动。

以上群众性的拥军优属活动，激发了烈军属的光荣感和责任感，许多军属经常给在部队的亲人写信，告诉家中被照顾的情况，鼓励军人安心服役。对鼓舞部队士气、巩固国防，有一定的作用。妇代会也经常收到现役军人的来信，感谢党和政府以及群众对他们家里的照顾，并表示坚决看好祖国大门。如某部现役军人王道兴来信说："党和政府及人民群众对军属无微不至地关怀，对我鼓励很大，我要以此为动力，推动我的工作，练好兵，学好本领，保卫祖国的幸福生活。"

珠壁弄居民区妇代会是怎样做好帮助烈军属料理家务的照顾工作的呢？通过座谈会的讨论，主要归纳为以下几点：

1.加强社会主义阶级教育，不断提高干部的阶级觉悟和思想认识。珠壁弄妇代会自去年改选以来，在上级和街道党委的领导下，除坚持每月的学习制度外，在平时做到每次大小会议都要进行教育，通过学习，不断地提高思想觉悟。特别是革命光荣传统教育和社会主义阶级教育，对他们启发很大，使他们认识到今天的幸福生活得来不易，树立了"饮水不忘掘井人""翻身不忘共产党""翻身不忘解放军"的思想，明确了做好对烈军属家务的照顾工作就是做好拥军优属工作的一部分，对推动征兵工作、鼓舞部队士气、巩固国防，有一定的积极作用。因此，他们一致认为，帮助烈军属照顾好家务，解决一些日常生活的实际问题，是他们应尽的责任。因而，他们把帮助烈军属料理家务列为妇代会工作之一，在每月的业务学习会议上，对烈军属的照顾工作，都要进行一番讨论,并提出具体意见,分工进行。从而使帮助缺乏劳动力或因病不能自理生活的烈军属料理家务,成为干部的自觉行动。

2.了解情况,掌握重点,建立必要的组织和制度。珠壁弄居民区妇代会认为,要做好对烈军属缺乏劳动力料理家务的照顾工作,首先要了解情况。因此,他们由居民区统一组织,对 37 户烈军属逐户进行访问,通过访问,对家中缺乏劳动力或因病不能自理家务的烈军属,逐户地进行分析排队,确定重点,再由干部分工包干。其次,组织突击组,由几个家务牵累较少的妇女干部组成一个小组,随时发现问题,随叫随到,及时帮助解决。再次,建立每周访问一次烈军属的制度,便于掌握情况;对于一些困难的烈军属做到勤访问、勤了解,发现问题后及时联系解决。

3.做好对烈军属的家务照顾工作,不仅是拥军优属的重要组成部分,而且也是关心妇女疾苦的具体表现之一。只有干部带头,以身作则,才能推动广大群众关心烈军属,做好照顾工作。因此,在工作中,妇代会主任和妇女干部,正像前面所反映的事例那样,总是处处走在头里,事事起模范作用,以实际行动影响和鼓舞居民区其他干部和群众参加拥军优属的积极性,掀起群众性的拥军优属热潮,从而也推动了整个拥军优属工作的开展。

1963 年 12 月 6 日

【由杭州市上城区档案馆提供】

关于在杭州市东坡路居民区干部中试读
中共中央《决定》和《规定》的小结①

　　根据市委的指示，我们在东坡路居民区干部中（小组长以上）试读了《中共中央关于目前农村工作中若干问题的决定（草案）》（以下简称《决定》）和《中共中央关于农村社会主义教育运动中一些具体政策的规定（草案）》（以下简称《规定》）两个文件。这个试点由江新发同志亲自掌握并宣读文件，从 11 月 30 日开始至 12 月 20 日结束（其中休息了 6 天），每天 2 小时，先后共学习了 30 小时。通过学习，居民区干部的收获是大的，对文件的精神有所领会，认识有了提高。在此基础上，我们初步联系自己的思想和工作实际，下了一些毛毛雨，进一步推动了当前工作，摸索了在居民干部中如何宣读好这两个文件的初步做法，其间也暴露了一些问题，现小结如下。

　　一、主要收获

　　1. 通过对文件的宣读和学习，对《决定》和《规定》的基本精神都有所领会，认识有了提高。特别是对《决定》中的阶级斗争，社会主义教育，组织贫、下中农阶级队伍、"四清"、干部参加集体劳动这五个基本要点和《规定》中的团结 95％ 以上的干部和群众，对于地、富、反、坏分子的处理，对于正确对待地主、富农子女问题等几个具体政策问题，体会较深。认识到有阶级就一定有阶级斗争，□□说，地主、富农总归是地主。富农、贫农站贫农立场，地主站地主立场，阶级斗争不能忘记。目前还有资本主义残余存在，他们要走资本主义道路，我们要走社会主义道路，因此必须要与资本主义势力进行斗争。认识到社会主义教育的重要性，认为社会主义教育是百灵剂，可以治百病。他们说，社会主义教育是百灵剂，是枚万能针，对大部分人来说是防疫针，对有病的人来说是治病针，对贫农来说是补血针。他们又说，社会主义教育是指南针，使工作有了方向，有了标准。只有通过社会主义教育，才能提高认识，清醒右脑，擦亮眼

---

　　① 原文标题为《关于在东坡路居民区干部中试读中共中央〈决定〉和〈规定〉的小结》。

睛,看清阶级斗争,分得清是红是白,闻得出是香是臭。认为这次教育好像吃橄榄一样,越吃越香。认识到组织贫、下中农阶级队伍是非常重要的。他们说,农村一定要依靠贫、下中农,因为他们本质好,数量大,拥护共产党,拥护三面红旗,一心走社会主义道路,如果不依靠他们,就要走到被压迫被剥削的老路上去。认识到"四清"工作的好处和作用,认为"四清"工作利国利民。他们说:"'四清'工作做得好,农民的积极性更加高,生产东西更加多,那么我们就能国富民强了。"并认为"四清"工作中有阶级斗争存在,非清不可,农村要"四清",城市也要"四清"。同时认为,要搞好"四清"必须领导带头,才能做到轻装上阵,团结对敌。认识到干部参加集体劳动的伟大意义。他们说,旧社会的干部是做官当老爷,发号施令,脱离群众。新社会干部带头参加劳动,这样可以不犯官僚主义,了解群众的生产生活情况,摸到群众的心。同时认为还可在劳动中改造思想,树立劳动观点,培养阶级感情。

2. 对《规定》中的具体政策也有所划清,认为这些政策条条正确。他们说,只要95%以上的人团结起来了其余不到5%的人要坏也坏不到哪里去了。一个墙门,一个居民区,只要干部团结了,群众也会团结起来。这样,即使有几个四类分子也就能管住了。认为共产党对四类分子的处理政策是英明的、正确的。他们说,现在的政策是"一个不杀,大部不捉",从教育改造出发,而国民党是"宁可错杀一千,不可放过一个",正是相反,与封建王朝的"一人犯法,满门抄斩"更有原则上的不同。认为对待地主、富农的子女,与地主、富农本人必须分别对待,不能同等看待。地主、富农的子女确实存在"两头小、中间大"的现象,必须进行教育。他们说,地主、富农的子女大部分是站在十字路口,向东往西,走南落北要靠我们去教育、指点,要使他们头脑清醒,走正确的道路。同时,大家对家庭成分不好是否会影响子女前途的问题也有了正确的认识。

3. 在提高认识的基础上,初步联系思想、工作,下了一些毛毛雨。从初步暴露出的情况来看,大部分不愿当干部,不安心学习,也有的检查思想麻痹,阶级观念淡薄,但也有反复检查过去检查过的贪小便宜和投机行为的。如职工家属洪友爱检查说:"过去我不要当干部,不要学习,这是错误的,如果我们穷人不当干部,让坏分子去当,就要像旧社会一样了;不学习也是不对的,今后一定要好好学习,完成党□□的任务。"居民主任王志新检查说:"学习□□□观念不强,认为解放后工人阶级为领导,工农联盟为基础,其他□□有没有无啥关系,起不了作用,思想上存在麻痹思想,现在认识到还有阶级斗争。"有不少人反复检查了过去以票换物,出卖票证的行为,如金荣生(职工)检查说:"我过去出卖过 30 分购物券,第一次反投机倒把时检查了,第二次社会主义阶级教育时也检查了,今天我还要检查,今后也要经常检查、经常洗,同白衣服的污渍一样,经常洗洗会清爽的。"

4. 通过学习,进一步推动了工作。学习了两个文件后,干部们不仅在认识上有了提高,而且工作积极性也有了提高,态度有了转变。学习文件的这一时期,也正是街道搞卫生运动的时期,为了做到工作、学习两不误,他们把日常的居民工作都在上午安排好,做好保证下午准时学习。如刘卒英老奶奶虽然有毛病,但学习不缺席,卫生工作抓得很紧,她所在的第八组,在这次卫生工作检查中名列前茅,她每天带病坚持工作,晚上巡逻。妇女主任盛维银,前段时间工作有点疲沓,有时要叫苦,通过学习,态度转变了,她说:"我们居民区领导同志来搞点,不搞好工作也难为情了。"因此积极性有了提高,妇女工作也抓起来了,这次把妇女工作的一些调查表格都能及时搞好,心情比较愉快,苦也不叫了。

二、主要体会

1. 要打着宣读中共中央文件的鲜明的响亮的旗号,同时要发出"安民布告",这是动员更多的人参加学习,认真、安心参加讨论的首要一环。在未宣读文件的前一两天,应向居民干部广泛宣传宣读中共中央文件的重要性,这是一次伟大的宣传运动,必须人人参加。在试点中由于进行了这一宣传,号召力很大,不仅能使全体干部(除了外出、有病、有事的外)基本上都来参加,而且还影响了不是居民干部的退休工人、居民积极分子也要求来参加。如退休工人郑顺久、居民积极分子臧桃英都要求参加,我们有的放矢地吸收了他们,他们也感到非常高兴。但是,如果只号召,不说明宣读这个文件的伟大意义和学习的时间,还不能使他们从思想上真正重视起来和安心下来,因为他们不明确对农村的"决定"和"规定"究竟与城市有什么关系,不明确究竟怎么学,学多长时间,特别是当前正值冬令,家务繁忙,心理上都有些活上活落,因此必须在宣读文件以前讲清如下几个问题:(1)文件是毛主席亲自参加调查、参加起草的,有些还是主席亲自动笔写的,是 14 年来的经验总结,这是一个伟大的纲领性的文件;(2)这两个文件虽然是对农村说的,但对城市完全适用;(3)对这两个文件的宣传要达到家喻户晓的效果,这次不参加,下次仍然要参加;(4)学习时间半个月左右,每天 2 小时(一点半至三点半较宜),星期天不学习。这样既能使他们明确学习这两个文件的重要意义,从思想上重视起来,又能使他们妥善安排好家务,安下心来学习。

2.认真宣读好文件,是领会文件精神,讨论好文件的先决条件。由于把中央文件向居民干部宣读还是第一次,一般的反映是"读时能领会,读后记不牢",因此,除读的人必须口齿清楚(最好是本地人宣读)外,还必须根据《决定》和《规定》的文章长短和条件,分别采取不同的宣读和讨论方法:《决定》的文章较短,可以一次读完,分次讨论,讨论后再从头到尾有重点地读一次。有条件的话,即小组有文件,并有党员同志负责宣读和掌握的,也可采取边读边议的办法。《规定》的文章较长,一次读不完不易记牢,同时两个小时读不完,因此,要采取分次读,分次讨论的办法,一般可分三次读,三次讨论。有两种读法:一是按文件的十个问题的长短顺序读,即一、二、三为一次,四、五、六为一次,七、八、九、十为一次;二是按照十个问题的性质来分,即一、二、三、六为一次,四、五、七、八为一次,九、十为一次。但不论采取哪种方法,第一次宣读的时候,应把文章的开头和十个问题的题目一起都宣读一遍,使大家对整篇文章有一个概念。有条件的话也可采取边读边议的方式。东坡路居民区因为是试读,条件具备,两个文件都是采取一次读完,总的讨论一次,然后再边读边议。这样宣读和讨论,效果较好,精神能领会,要点能记牢。全面展开后,一般没有这个条件,以采取前一种办法为宜。但是,街道书记或主任亲自掌握的这个小组可以采取后一种办法。

3.适当划定讨论小组,挑选好召集人,这是认真进行讨论的关键所在。讨论小组不宜过大,每组20人左右,实到人数在15人左右,这样才能使大家都有发言机会。小组召集人必须是:(1)有一定的组织能力和对文件的理解能力。(2)有一定的觉悟程度,能热情为大家办事,家务牵累不大。(3)在政治上必须是劳动人民。挑选小组召集人是十分重要的一件事,从东坡路试点情况看来,七、八组召集人挑选得较好,基本具备以上三个条件,因此每次到会人数都较多,讨论较热烈,认识也比较深刻;三、四组的召集人,因家庭副业忙,经常缺席,因此小组出席的人也不多,讨论情况也就差一些。

4.召集人要善于启发诱导,要抓住文件要点进行讨论,这是提高认识、真正领会文件精神的关键。由于学习时间较短,而文件的内容又极其丰富,不可能对每一个问题逐一进行细致的讨论,因此,必须抓住重点,对《决定》的讨论,我们除诱导领会文件的总的精神外,主要抓住了阶级斗争,社会主义教育,组织贫、下中农阶级队伍,"四清",干部参加集体劳动这五个要点,并以阶级斗争为纲进行讨论;对《规定》的讨论,除进一步对社会主义教育的重大意义提高认识外,着重讨论了两个"团结95％以上",对四类分子的处理和正确对待地主、富农子女问题等四个问题。试点讨论的实际情况表明,居民干部也很自然地对上述几个问题最感兴趣,并且记得最牢。其他几个问题不是不重要,也不是一点也不讨论,而是与城市的关系较少,与居民干部的实际工作挂不起钩来,因此,只做一般的讨论。这样,既能对两个文件的大体精神有所了解,也能抓住文件中的要点。

5.会内会外结合,两个文件的学习告一段落后,都必须进行一次小结,并解答问题,提出要求,这是及时了解情况、解除部分干部的思想顾虑、加强对文件的认识的必要一课。我们在试读文件前后,在会外了解到一些情况,如个别干部有猜疑,为什么区长要亲自到这里来宣读文件,是不是我们居民区落后;有的认为中央文件是不好讲错的,讲起来慌兮兮怕讲错;有的说,今后我们用不着了,要贯彻阶级路线依靠贫、下中农等想法。为了使干部进一步提高认识,解除顾虑,我们在宣读《规定》之前,对《决定》的讨论,用他们自己的语言,集中地对五个要点的认识进行了小结,并针对他们的思想,说明到这里来试读的目的不是别的,而是取得如何宣读好这两个文件的经验。宣读讨论这两个文件也是"三不主义",与其他学习一样,有啥说啥。这样一讲,大家心里明亮了,有的就说:"原来以为到这里来读文件是因为我们居民区落后,现在才知道是我们先走一步,感到非常光荣。"在《规定》讨论结束后,必须把两个文件的精神,再用他们自己的语言进行一次较详细的小结,以加强对文件的认识,巩固学习成果。同时,学习结束后,要对干部提出任务,进行适当分工,根据条件,挑选好一批干部去领导群众学习这两个文件,余下的干部要抓好当前居民区的工作,把文件的精神贯彻到实际工作中去。

6.在提高认识的基础上要启发诱导他们自觉地联系自己的思想和实际工作,下一些"毛毛雨",这是起到煞住歪风,发动群众,初步搞好干群关系,初步打击阶级敌人的作用和领导好群众讨论的前提条件。关于这一点,我们事先是不够清楚的,认为是"只刮风,不下雨"。但如果在干部中不进行一次洗手洗澡,暴露一些歪风,我们就不了解歪风在哪里,也就不能起到上面所说的四个作用,去领导好群众学习。我们在最后虽然补上了这一课,但由于东坡路居民区情况有些特殊,在五月间进行了反投机倒把的试点,在八九月间又进行了社会主义阶级教育的试点,在两次试点中大部分干部都进行了两次洗手洗澡,歪风已基本煞住,因此,突出的问题没有暴露出来。我们认为在全面开展宣传的时候,在干部中下一些"毛毛雨"是需要的。

7.宣传教育必须与当前工作密切结合,这是一个值得注意的问题。当宣传中央两个文件全面开展后,应当以宣传中央两个文件为中心工作,这一点必须明确。但不能因为宣传工作是中心就不管其他事情了,实际上居民区的日常工作会不会受到影响,问题在于如何安排。试点中是这样安排的:(1)适当安排学习时间,在一个星期中,最多安排五天的学习时间,留出一天时间去抓工作,当前主要是抓环境卫生和冬防工作;(2)有关发放各种票证,处理群众纠纷等群众工作,妥善安排干部及时处理,不因为学习而耽误群众工作;(3)必须向干部布置的工作,不另开干部会议,就在学习会上抽出一定时间进行传达贯彻。

8.怎样才算是达到了宣读这两个文件的目的和要求?在居民干部中,我们认为应该具备如下四条:

(1)对文件的基本精神(即五个要点)有所认识和理解,在认识提高基础上,自觉洗手洗澡,能识别和制止歪风邪气。

(2)把干部的积极性进一步调动起来,推动了当前居民区的工作。

(3)居民干部同街道干部、派出所民警的不正常关系,干部与干部之间的严重不团结现象能初步得到改善。干部与群众之间的突出问题能得到暴露。

(4)进一步提高了觉悟,划清了界限,揭露了问题,不被阶级敌人的各种手法所蒙蔽。

三、暴露和提出的几个问题

1.这个居民区,由于进行了反投机倒把斗争和社会主义阶级教育,严重的歪风已基本煞住,如投机倒把、封建迷信、阶级敌人的破坏活动等都没有发现,但还有一些问题存在,表现在:

(1)还有小偷小摸行为。这在居民干部中也有,如卫生主任李秀娥,原在东坡路食堂工作,据反映有贪污行为,在家时进行小偷小摸,捞人家几颗煤球也好,现在代人家加工衣服,不久前代裕华棉布店人员翻一件丝棉袄,把新丝绵全部调换成旧丝绵。又如住东坡路52号的12岁"小鬼"乐仁天,常到百货商店去扒窃,有一次扒来一只皮夹,内有三只金戒指、一副耳环、70多斤粮票。

(2)以娱乐为名进行少量赌博的现象仍然存在。整个居民区有12个人,有的经过二次教育已经停止了,还有五六个家庭妇女进行五角、一元的少量赌博,而且大都是到其他居民区去活动。

(3)居民相互间的吵架纠纷还较多,差不多每天都有发生。主要是由小孩和房子引起的,有的还影响了干部之间的团结。如第四组治保委员黄菊仙与隔壁妇女委员陈英,就是因为双方小孩产生的问题,已经有一年多互不联系、互不答话,影响了团结。

(4)不愿当居民干部的思想较普遍。虽然不少的人检查了这一问题,但还有一些没有真正从思想上得到解决。从这次的反映来看,一是居民干部好处没份,招怪有份,吃力不讨好;二是畏难,特别是遇到不讲理的在职职工,感到气愤,想不通;三是少数的确实因家务牵累抛不开,有的因为家庭生活困难,还要搞些家庭副业收入。

2.在学习中提出的问题有:

(1)农村中依靠贫、下中农很明确,城市中究竟依靠谁?

(2)城市里的反、坏分子,资产阶级分子的子女应如何对待?

(3)城市里的阿飞、流氓是否在95%以上那部分之内?

(4)劳改、劳教回来的,是否当好人看待?

(5)城市中的店员,生活主要依靠工资收入,但也有几间房子出租,算是什么成分?

上述这些问题,我们都未做答复。

东坡路居民区试点小组

1963 年 12 月 20 日

【由杭州市上城区档案馆提供】

杭州市民政局关于报送
《城市居民委员会工作细则》的报告①

民〔1963〕字第 1906 号

杭州市人民委员会:

　　第三季度,我们对城市居民委员会的工作进行了一些调查,先后访问了 8 个居民委员会,召开了 6 个先进居民区的主任座谈会,并和下城区民政科、长庆街道办事处就当前街道居民工作交换了意见,现将情况、问题和我们的意见报告如下。

(一)

　　这 14 个居民委员会于去冬今春进行整顿后,工作上是比较正常的。(1) 机构比较健全,干部力量比较充实。如忠清巷、白莲花寺前、王马巷等 3 个居民区在改选以前,组织残缺不全,只有一两个干部担负整个居民区的工作,人少事多,难以应付,居民委员会下面的各种工作委员会长期无人,形同虚设。现在这 3 个居民区经常都有 30 多个干部在进行工作。居民群众的意见和要求,能够及时地反映上来,党和政府的有关居民的各项工作任务,能及时地贯彻下去。(2)克服了领导多头、工作忙乱的问题。过去不少单位都直接向居民区布置任务,甚至有些菜场、商店也布置居民区协助做商店分配和销售任务。现在居民区的工作,一般由街道工作统一安排,在组织分工上尽可能做到一人一职,使居民干部既能做好居民工作,又有时间料理家务。(3)改进工作方法建立切实可行的制度。如有的居民区建立交通卫生监督岗,对维护交通安全、改善环境卫生,管好城市秩序起到一定的促进作用。有的居民坚持每周学习,定期举行生活检讨会议,交流情况,交换意见,相互帮助提高,增强团结。(4)开展街道评比,加强对居民干部的政治思想工作,进一步调动了他们的积极性,从而更深入地推动居民工作。如华丰、竹竿巷居民区在压缩城市人口工

----

　　① 　原文标题为《关于报送城市居民委员会工作细则的报告》。

作中就动员了 266 人回乡,出色地完成了党的中心任务。白莲花寺居民区,加强对少年儿童共产主义道德品质教育,使 17 个顽劣儿童中的 14 个转变为好儿童,拾金不昧、物归原主等新人新事,在这些儿童中经常出现。南浣纱路居民区干部经常访贫问苦,关心社会困难户的生活,教育居民饮水思源,深入开展拥军优属活动,今年以来就千方百计,主动安排烈军属、社会困难户 40 余人参加糊纸盒、洗衣服等加工性和服务性的劳动生产,使他们增加收入,克服困难。其他在治安、调节、卫生等方面都取得了很大的成绩。

(二)

但是,在居民委员会中,当前还存在一些问题,主要表现在:

1. 在这 14 个居民区中,有不少居民干部对居民委员会的性质任务不了解,有的居民干部认为,居民工作是上面布置什么任务,他们就干什么。有的居民干部对居民区有哪几项经常工作不知道,有的居民干部对自己分工担负的职责也弄不清楚。如有的福利委员认为,福利工作,就是收收房租,催催地价税,贴贴印花,发发票子,而对作为福利工作的主要任务——优抚救济,却没有去抓。白莲花寺、华丰等居民委员会的主任认为,居民干部对居民工作性质、任务的不明确,影响了他们主观能动性的发挥。其主要原因,一是新当选的干部多;二是居民委员会的工作没有一个具体详细的规定,中央虽然公布了一个条例,但太过原则性,他们迫切希望本市能结合具体情况拟订一个居民委员会的工作条例出来。

2. 有些居民委员会、居民小组至今组织规模过大。如下城区的竹竿巷居民区就有 700 多户。拱墅区的小河居民区不仅户数多,而且居住分散,地区辽阔,开展工作极为不便。在居民小组中,有的大的小组在 100 户以上。下城区王马巷社区居民区有两个小组都在 100 户左右,居民小组长对本组情况心中无数,小组通知开会也得花半天,华丰居民区妇女主任平水芳从实际工作中体会到居民小组不宜过大,她列举了本居民区 8 个小组的工作情况,7 个组都在三四十户,小组长很了解情况,工作开展起来十分顺利,但剩余一个组却在 80 户以上,小组长不了解情况,每一项工作都要重点去帮助,但收效不如其他小组好,故居民小组认为一般三四十户较为适宜。有不少居民区主任提出,居民委员会小组,在 1958 年以后都变大了。有的区已作调整,有的还没有作调整,如果居民委员会工作条例中有一个明确的规定,就可以避免这一情况。

3. 有不少街道办事处干部,对街道工作任务,"只知道办理市、区人民委员会交办的有关居民工作,而不明确街道办事处的另两项任务",两项任务即指导居民委员会工作、反映居民的意见和要求。因此对上面布置的任务抓得紧一些,对于指导居民委员会开展工作,帮助他们提高政策业务水平就抓得不够经常,不够具体。我们和下城区民政科、长庆街道党委交换意见时,他们认为在本市拟订一个居民委员会工作条例很重要,以便于在指导居民工作时有所遵循。

4.居民区的整顿已历时将近一年。由于城市人口流动性大,居民干部现在越来越少,希望能按期改选和补选。

（三）

为有力加强居民工作、加强城市管理,根据居民委员会当前存在的问题,以及基层干部的意见和要求,我们除建议各区按规定如期进行改选和补选外,还参考上海、天津、太原等地的经验,拟将《杭州市城市居民委员会工作细则》(试行草案)随交附上,报请审核。如无错误拟请批转各区试行。并请各区在试行中提出修改补充的意见,送本局汇总进一步研究。

附件:如文

杭州市民政局
1963 年 12 月 28 日

杭州市城市居民委员会工作细则

（试行草案）

为了加强城市居民工作,进一步提高居民的觉悟程度和组织程度,调动一切积极因素,为工农业生产服务,推动城市的社会主义建设和社会主义改造,根据《城市居民委员会组织条例》和我市居民工作的实际经验,特制定本细则。

一、居民委员会的性质和组织规模

（一）居民委员会是在区人民委员会派出机构——街道办事处——指导下的群众自治性的居民组织。它是居民政治生活的基层组织,是党和政府联系群众的桥梁,是政府完成有关居民行政工作的助手。

（二）居民委员会的组织对象,是有常住户口的街道居民。工厂、企业、机关、学校等单位一般不参加居民委员会,但集体宿舍应遵守居民委员会有关居民公共利益的决议和公约。

（三）居民区是城市各阶级、各阶层人们聚居的生活场所，是管好社会主义城市的一个重点，也是社会主义思想建设的一个重要阵地。居民委员会必须在党和政府的领导下，高举总路线、大跃进、人民公社三面红旗，加强对居民的政治思想教育，使绝大多数居民成为热爱祖国，热爱共产党，热爱社会主义，热爱劳动，遵守国家法律、法令，具有共产主义道德品质的好公民。并且逐步对现有的居民区进行改造，使之成为团结互助、勤俭朴素、整洁愉快、秩序井然、发扬社会主义道德风尚的新居民区。

（四）居民委员会，按居民的居住情况、自然条件、生活习惯设立，一般以不超过 500 户为宜。居民委员会以下设居民小组，一般由 30 至 50 户居民组成。一个居民委员会，一般设居民小组 7 至 13 个。

（五）居民委员会的管辖范围，以方便群众、便利工作的原则划定，尽量避免里巷之间参差交叉。职工家属集居区和较大的集体宿舍，可单独设立居民委员会，由职工家属委员会兼任居民委员会的工作，也可以和其他居民混合组织居民委员会，职工家属委员会，参加居民委员会的领导。

（六）居民中被管制分子和其他被剥夺政治权利的分子，应该编入居民小组，但不得担任居民委员会的委员、组长和工作委员会的委员等职务。在必要的时候，居民小组长有权停止他们参加居民小组的某些活动和会议。

二、居民委员会的任务

（一）宣传贯彻党和政府的政策法令，加强对居民的社会主义教育，提高社会主义觉悟，不断地在广大居民群众中巩固社会主义思想阵地。动员居民积极响应政府的号召，完成各项中心任务。

（二）密切联系居民，及时把他们的意见和要求反映给政府和它的派出机关。

（三）办理有关居民公共福利事项，关心居民生活疾苦，发扬拥军优属、互助互济、尊老爱幼的社会风尚，协助政府做好优抚、救济工作，照顾无亲、无依靠的孤、老、残病居民的日常生活。根据生产、生活的需要和可能，组织居民参加各种加工服务性的生产劳动，配合有关部门动员闲散劳动力参加农业生产，督促私有危险房屋的修缮。根据政府的有关规定，管理居民的公益事业。

（四）宣传贯彻勤俭建国，勤俭持家的方针，教育居民厉行节约，精打细算，教好孩子，管好家务，有计划地安排生活。

　　(五)开展爱国卫生运动,宣传卫生常识,发动居民除四害、讲卫生、预防疾病、报告疫情,保持街道室内外整洁,养成爱清洁、讲卫生的习惯。宣传计划生育和提倡晚婚,以保护母亲和儿童的健康。

　　(六)领导群众性的治安保卫工作,教育居民提高革命警惕性,做好防火、防盗、防特、防自然灾害,监督地、富、反、坏分子,检举违法行为,确保居民安全。

　　(七)提高居民爱护公物的自觉性,保护道路、桥梁、路灯、水管、文物古迹、园林花木等公共建筑不受损害。

　　(八)开展居民正当的文娱体育活动,组织闲散少年儿童进行共产主义道德品质教育。

　　(九)调解居民纠纷,促进家庭和睦,加强邻里团结。

　　(十)协助有关部门做好有关的居民工作。

三、居民委员会的组织设置

　　(一)居民委员会要坚决贯彻以工人阶级为领导的原则,它的工作人员要以工农出身、有觉悟的劳动人民为主体,适当吸收其他阶层的代表性人物参加。工作人员的条件:(1)拥护共产党,走社会主义道路;(2)历史清楚,作风正派;(3)群众拥护,热心为居民服务。

　　(二)居民委员会一般设委员 7 至 13 人,由居民小组各选委员 1 人,由委员互推主任 1 人,副主任 1 至 5 人,其中有 1 人可兼妇代会主任。

　　居民小组设组长 1 人,一般的应当由居民委员会委员兼任,在必要的时候,可以选举副组长 1 至 3 人。居民委员会委员,被推为主任或者副主任的时候,选举他的小组可以另选组长 1 人。

　　(三)居民委员会,按照工作需要,一般设社会福利、治安保卫、文教卫生、调解等工作委员会。各工作委员会的主任由居民委员会副主任兼任,工作委员会委员可由小组副组长兼任,也可吸收居民中的积极分子参加。居民委员会的主任不兼其他职务,其他工作人员最多兼一职,以免工作负担过重。

　　(四)居民小组应做好以下工作:(1)宣传贯彻党和政府的政策法令,发动小组居民响应党和政府的号召;(2)掌握居民生产、生活情况,反映居民意见和要求,帮助缺乏劳动力的烈军属、救济户,解决日常生活上的具体困难;(3)贯彻执行居民委员会有关决议和规定;(4)发动小组居民搞好卫生,消灭四害,搞好院、户治安,家庭和睦,邻里团结,勤俭节约等工作;(5)组织小组学习、读报、收听广播、调解纠纷；(6)领发各种票证。

(五)居民委员每届任期一年,连选得连任,居民委员会委员因故不能担任职务的时候,应该及时改选或补选。

四、居民委员会的工作方法和工作作风

(一)居民委员会应根据"大家事大家办"的原则,集体研究,分工负责,发挥全体工作人员的积极性。认真贯彻阶级路线,依靠工人阶级和有觉悟的劳动人民,依靠各种组织力量的配合,发挥政治可靠、觉悟较高、工作积极、作风正派的退休工人和职工家属的积极性,团结广大居民群众办理有关居民工作,并采取按业务分工,分片包干相结合的工作方法。

(二)居民委员会必须严格遵守党和政府的各项政策、法令和规定办事,一切工作从实际情况出发,实事求是,做到件件情况明,事事有根据。

(三)居民委员会进行工作,必须充分发扬民主。遇事共同商量,坚持说服教育,不得强迫命令。做到统一认识、统一思想、统一步调、统一行动。重大问题,应在街道办事处的指导下经居民委员会研究,交居民讨论作出规定,共同性、经常性的工作,可经居民讨论,订立公约,规定、公约的贯彻,仍应用教育的方法,使居民自觉地执行。在河道、码头、主要街道,可设监督岗,负责安全卫生。

(四)居民委员会要建立的制度:(1)会议制度。居民委员会全体委员会议和工作委员会的委员会议,一般一月一次,检查本月工作,研究下月工作。居民主任会议,一般半月一次,检查半个月的工作。居民主任碰头会议,根据需要不限时间,不限人数。(2)学习制度。学习政治时事、业务知识,一般每周不超过一次。(3)居民委员会至少每半年总结一次工作,进行评比,并向全体居民报告工作,听取居民的意见、批评和建议,以改进工作。(4)工作制度。对安全、卫生要建立检查制度,对烈军属、救济户、困难户要建立访问制度。

(五)居民委员会的工作人员要做到:(1)模范地遵守国家政策法令;(2)勤勤恳恳、老老实实为居民办事;(3)立场坚定,坚持原则;(4)办事公正,作风民主;(5)实事求是,如实地反映情况;(6)坚持团结,克己让人。

五、居民委员会的领导

(一)区人民委员会必须通过街道办事处加强对居民委员会的领导,民政部门要经常了解反映居民区的工作情况,组织经验交流。

(二)街道办事处必须根据区人民委员会的统一布置,加强对居民委员会的指导,要经常深入居民区,了解工作情况,帮助居民委员会安排工作,解决问题。对于应该自己办理的行政业务,不要交给居民委员会承办。

(三)在区人民委员会的领导下,民政部门和街道办事处要有计划地培养和训练居民干部,并按规定定期进行改选。居民委员会的设立、合并、撤销要经区人民委员会批准,报市民政局备查。街道办事处要经常对居民干部进行形势、任务、政策法令、工作方法、工作作风方面的教育,帮助他们提高政治思想水平和工作能力。

(四)市、区人民委员会所属工作部门,对本部门业务范围内有关居民区的工作,必须加强对居民委员会的指导和帮助,居民委员会必须接受市、区有关工作部门的业务指导,并认真翔实地向他们汇报工作情况。各部门要向居民委员会布置任务时,应由区人民委员会或街道办事处统一布置,凡不属于居民委员会任务以内的工作,要请居民委员会协助时,必须事先报告市、区人民委员会同意,以防止条条交办任务,造成居民工作的忙乱。

六、居民委员会的经费开支

(一)居民委员会的公杂经费和生活补助费,由财政部门统一拨发。居民委员会工作人员均为义务职,如果生活确实困难,可以按照规定享受生活补助和其他福利待遇。

(二)居民委员会办理居民公共福利事项所需的费用,经区人民委员会批准,可以按照自愿的原则向有关居民进行筹款和募捐,除此以外,不得向居民进行任何募捐和筹款,居民委员会办理公共福利事业的款项,非经有关居民同意,不得改作他用。

筹募的款项和开支账目,在事情办理完毕后,应当及时公布。

1963 年 12 月 28 日
【由杭州市档案馆提供】

天津市城市人民调解委员会工作试行办法（草案）

城市人民调解工作是街道居民工作中一项经常的重要任务,为了更好地开展这项工作,正确解决民间纠纷,增进人民内部团结,市政法办公室与有关部门研究制定了《天津市城市人民调解委员会工作试行办法(草案)》。市人民委员会已于3月15日通知各区、街试行。并要求各区、街在试行过程中,认真总结经验,提出修改意见,报市人民委员会。为便于基层干部学习、贯彻,本刊特予转载。

一、人民调解委员会(以下简称调解委员会)是群众性的调解组织,是人民群众以批评与自我批评的方式,进行自我教育,解决人民内部问题的良好组织形式。该组织通过调解民间纠纷和对群众进行爱国守法教育,来增进人民内部团结,提高群众的政治觉悟,为社会主义建设服务。

二、调解委员会受居民委员会的领导,在街道办事处和基层人民法院的指导下进行工作。街道办事处和基层人民法院要经常检查调解委员会的工作,布置任务,不断总结与传播工作经验,教育训练调解人员,以提高他们的政策、业务水平。

三、调解委员会是居民委员会的一个工作委员会,一般由3至5人组成,设主任1人,必要时可设副主任。

调解委员会的主任由居民委员会的1名副主任担任。治保主任不得兼任。

调解委员由居民委员会提名,经群众讨论通过。

四、调解委员在任期内,如有严重的违法失职行为,得随时撤换。因故不能担任调解委员时,可及时补选。

五、调解委员应由历史清楚、政治可靠、办事公正、能联系群众、模范遵守国家政策法令、热心调解工作的人担任。

在少数民族集居的地区,应吸收有代表性的少数民族人员参加。

六、调解委员会的任务

(一)调解一般民间纠纷,如婚姻、家庭纠纷,个人与个人、个人与集体之间一般的房屋、债务、继承、抚养、损坏赔偿等权益纠纷,属于一般违法性质的乱拿乱摸、打架斗殴、轻微伤害、虐待、损害名誉、小量侵占等等;

(二)协助居民组织订立爱国公约,并反映爱国公约的执行情况;

(三)通过调解活动,向群众进行政策法律、法令宣传和爱国守法教育;

(四)协助政府教育"大法不犯,小法常犯"的人;

(五)如实反映群众的意见和要求。

七、调解委员会在工作中根据情况,可以劝解当事人以批评与自我批评的方式,采取自我检讨、赔礼道歉、退还原物、赔偿损失等办法解决纠纷。采用赔偿损失办法时,得经调解委员会研究,报街道办事处审查批准。

调解委员会无权对当事人进行搜查、扣押、罚款、没收等处罚。

调解成立以后,应督促当事人遵守协议。

八、调解委员会在工作中,必须遵守下列原则:

(一)坚持集体领导,分工负责。调解委员单独调解的问题,要定期向委员会汇报,遇较大问题时,得由调解委员会讨论决定。

(二)必须按照党和国家的政策、法律、法令办事。对较大较复杂的问题,应报请街道办事处或人民法院解决。

(三)调解纠纷时,要耐心听取当事人双方的意见,要依靠群众,采用团结—批评—团结的公式,实事求是地进行解决。

(四)调解不是诉讼的必经程序。调解结果,必须取得双方当事人的同意,不能勉强。也不能因未经调解或调解不成立,阻止当事人向有关部门申诉。

调解达成的协议,如有违背政策、法律、法令的情形,街道办事处或人民法院可予纠正。

(五)调解委员会在工作中要和有关部门密切联系,互相配合。

九、调解委员必须勤勤恳恳、任劳任怨、以身作则、积极工作。为此,提出以下要求:

(一)要立场坚定、是非分明,不要包庇坏人,冤枉好人;

(二)要作风民主、态度和蔼,不要强迫命令、简单粗暴;

(三)要如实反映情况,不要弄虚作假;

(四)要大公无私、主持公道,不要偏袒、报复;

(五)要努力学习、提高工作能力,不要骄傲自大、停滞不前。

十、调解委员会要建立下列工作制度:

(一)登记制度。凡是调解过的纠纷,都要把当事人的姓名、案情、调解结果、日期简单地记下来。

（二）会议制度。定期召开会议,研究总结工作,学习政策、法律、法令和有关文件。

（三）汇报制度。要定期向街道办事处和基层人民法院汇报工作。

（四）评比制度。一般的依照市、区人民委员会关于评比街道积极分子的规定统一进行。通过评比,对工作有成绩、群众赞扬的调解委员,给予表扬和奖励。

十一、工厂、企业调解委员会可参照本办法试行。

【选自《天津政报》1963 年第 7 期】

天津市文教委员会关于加强计划生育工作的意见^①

　　最近,我们对本市人口自然增殖情况和如何开展计划生育问题做了研究,并进行了一些工作,感到这确是关系国家生产建设、广大人民生活和后代子女健康的一个具有长远意义的重大问题,需要提起重视。现将这方面的情况及意见报告于后。

一、本市人口增殖中的问题(略)

二、加强计划生育工作的几项措施

　　为了使城市人口构成日趋合理,必须认真开展计划生育工作。这样做,不论对国家、对个人,还是对第二代都有很大的好处。只要经过我们耐心的工作,广大群众就能做到:(1)适龄结婚,最好是男 30 岁、女 25 岁;(2)避孕,有计划地生育;(3)有子女的人自愿实行绝育。这样就能使出生率降低并稳定到20‰以下。为此,我们认为当前应采取以下措施:

　　(一)切实加强计划生育的宣传工作。要组织各方面力量,采取各种宣传方式,在干部、群众中有计划地一年开展两三次突击性的计划生育的宣传活动,使全市所有的成年人对这一问题能有一个正确的了解,造成一种晚婚和避孕的社会风气。并要加强经常性的宣传工作,使计划生育工作能深入人心。

　　(二)立即成立各级的计划生育领导组织,加强对这一工作的领导。市、区要建立计划生育委员会,并设办事机构,各街、各系统和大型工厂、高等院校、企业、机关,亦应分别建立领导小组,并要有一位领导干部去抓这一工作。同时,要积极发挥工会、妇联、青年团等各方面的作用。

　　(三)在工厂、企业、机关、学校、街道培训一批作风正派、工作积极、具有群众威信的积极分子,担当今后各基层单位的经常性的宣传推动工作。

　　(四)加强技术指导。由卫生局负责建立技术指导小组,确定所有医院、卫

---

　　① 　原文标题为《市文教委员会关于加强计划生育工作的意见》。

生院、门诊部、保健所、医务室负责进行的计划生育指导,并切实做好工作。同时应组织有条件的医务人员开展避孕研究,进一步改进避孕技术和避孕工具。

(五)关于绝育手术和人工流产问题。施行绝育手术是多子女者进行节制生育的好办法,应该提倡已有子女的人做绝育手术,特别应提倡男性结扎输精管。凡是无手术忌症者,只要本人自愿,医院都应该给做。

人工流产对妇女健康有发生不良影响的可能,但对子女多而避孕失败又怀孕的人,进行科学的人工流产还是一个较安全的节育办法。为了避免群众自行堕胎而造成终生疾病或伤亡事故发生,有必要对过去施行人工流产的条件加以合理放宽。只要无手术禁忌证,孕期在三个月以内而本人在一年内又做过人工流产手术者,也可以做,并要简化手续,免收费用,给予假期。

(六)增加避孕工具的生产和供应。除积极安排避孕套和避孕栓的生产外,应大力争取货源,做到保证供应。在供应方法上,要根据“内部销售、计划供应”的原则,主要运用单位医务室、消费合作社或街道保健站向本单位或本地段的群众内销。实行送货上门,尽量便利群众,售价按成本出售,不计利润。国家要给予产销部门必要的贴补。

(七)对过去一些带有鼓励生育性质的规章、制度、办法,要进行审查、修改,分别报请中央、省或由人委批准后施行。

(八)在开展这一工作中,必须强调做好群众的思想工作,在一切单位中不提指标,不搞竞赛,不进行挑战。对不愿进行避孕的人,只能注意耐心宣传,不能勉强,不能嘲笑。并在实际工作中,注意群众的思想动态,及时解决思想问题。

【选自《天津政报》1963 年第 8 期】

天津市人民委员会关于提倡"晚婚"
和推行计划生育几项有关办法的规定①

根据中共中央、国务院、省"关于认真提倡计划生育的指示",结合我市具体情况,对有关提倡"晚婚"和鼓励执行计划生育方面的几个问题,作如下规定。

(一)关于提倡"晚婚"的规定

提倡"晚婚"是有利于青年学生和学徒工学习和工作,有利于青年的身体健康,有利于我国民族的健康和繁荣,有利于国家社会主义建设的一项重大措施。为此,特作以下规定:

1.市、区各级领导机关,共青团、妇联、工会组织,各大、中学校,各级宣传部门,都要对广大青年经常地进行"晚婚"的宣传教育。

2.从1963年暑期起,高等院校、中等专业学校、技工学校及普通高中招生时,除调干学生外,原则上不招收已婚青年男女;在招收学徒工和安排青年劳动就业时,除安置到国营农场或农村者外,也要优先录取和安排未婚男女。

3.学生,工商企业、事业等单位的学徒工在学习和培训期间不得结婚,如果劝告不听,可劝其退学、退工;同时责成教师和工厂企业老师傅,教育在学习和培训期间的学生、学徒工不要谈恋爱或结婚。

4.对现在已经结婚的在学学生,不许其与爱人在校内同居;其所生子女,不得在校内居住和抚养。对在学的已婚学生和正在培训的学徒工,应劝其避孕。一旦怀孕,对学生要劝其休学1年,对学徒工要延长其学徒期限1至2年。

5.对已婚学生和已婚学徒工,在学习和培训期间,在毕业和学习期满分配、安排工作时,均不以爱人关系予以特殊照顾。

6.办理婚姻登记部门,要大力提倡"晚婚"。在遇到在学学生和学徒工登记结婚时,要进行"晚婚"教育;经劝告无效时,应通知所在单位进行处理;对未

---

① 原文标题为《市人民委员会关于提倡"晚婚"和推行计划生育几项有关办法的规定》。

满 25 岁的国家职工和干部办理婚姻登记者,婚姻登记部门应通知其所在单位进行劝告,使其自觉地推迟结婚年龄;社会青年男女办理结婚登记时,亦应本此精神进行劝告。

7.对青年教员、职员、工程技术人员、科学研究人员、医务人员、演员、运动员和工商企业单位的青年职工,所在单位领导应对他们经常进行政治思想教育,使他们正确地对待恋爱和结婚,懂得"晚婚"的好处和道理。

8.托儿机构,今后应对"晚婚"者(25 岁以上妇女)和一胎婴儿要求入托者,根据设备条件,优先照顾。

(二)关于施行绝育手术、人工流产、上避孕环,以及其他避孕、绝育等手术的免费和假期待遇的规定

为了满足广大群众对节育的迫切要求,解决职工、干部和广大市民由于实行计划生育和节育而施行手术者的免费和假期待遇问题,作如下规定:

1.凡本市居民、职工、干部施行绝育、人工流产、上避孕环及其他有关避孕、绝育等手术所需费用,除本人伙食费外,其他医疗(住院、手术等)费用,一律不需由个人负担。具体免费和报销手续,按照天津市人民委员会 1963 年 7 月 4 日发布的《关于进一步贯彻施行绝育手术、人工流产、安放避孕环免费办法的通知》进行办理。

2.凡女职工、干部做人工流产、上避孕环和男女职工、干部做绝育及其他有关避孕、绝育手术者,均按公假待遇,假期由医院确定。

3.上述手术假期,均按公假待遇,不影响全勤和评奖;对今年因施行上述手术请假而扣工资者,应予补发。

4.凡本市集体所有制单位的职工做人工流产、绝育、上避孕环及其他避孕、绝育等手术者,假期待遇参照本规定执行。郊区人民公社农民的假期待遇问题,另作规定。

(三)关于合理解决目前干部、职工因多子女生活困难补助的规定

为了解决目前干部、职工因多子女在生活困难补助上不符合按劳取酬原则的问题,改变某些鼓励生育的不合理现象,特对干部、职工生活困难补助办法作以下调整:

1.自 1964 年 5 月份起,因新生子女造成家庭生活困难者,其子女不超过两个者,可按现行补助给予补助;超过两个者,超过的子女不再给予补助。

2.干部、职工因子女多,而造成生活困难已享受补助的,仍给予补助。但

补助金额最多不得超过本人月工资的 50％。家属人口过多,补助后生活仍有困难的干部、职工,可动员到农村工作,以便于其家属参加农业生产。

3. 国家机关干部生活困难补助标准,干部本人仍按市福利委员会的规定不变,其直系家属按工厂、企业职工家属生活困难补助标准计算。

4. 工厂、企业职工及其家属生活困难补助标准,在全国或省、市工会未颁发新办法以前,仍按工会 1962 年 12 月的规定办理。今后如有更改,按新规定办理。

5. 集体所有制的单位,现行补助办法与本规定有抵触的,均参照以上精神修改,但补助标准最高不超过本规定。

(四)关于孕、产妇及施行人工流产或绝育手术者的粮、副食品补助的规定

目前孕、产妇及施行人工流产和绝育手术者的粮、副食品补助方面,不尽合理。有的补助办法不但不能起到提倡节育的作用,相反地只能鼓励生育;同时有的应给补助,反而没有。为了改变这种状况,特重新规定如下:

1. 粮食补助方面

(1)孕妇补助仍按临产前 3 个月,每人每月增加供应元豆 2 斤不变。

(2)产妇除补助芝麻 1 斤外,哺乳期 6 个月,每月不再补助 2 斤元豆。

(3)流产(包括人工流产)者,在流产当月,仍补助元豆 2 斤。

(4)女性做绝育手术者,当月补助元豆 2 斤。

2. 副食品补助方面

(1)孕、产妇供应,仍按照现行供应办法不变。

(2)对人工流产者按现在自然流产的供应标准供应。

(3)对于施行绝育手术的男女,一律补助肉 1 斤。

以上规定自公布日起实行。各级机关、团体、企业、事业单位,应向群众宣布,做好思想工作,领会规定的精神和意义,严格贯彻执行。

【选自《天津政报》1963 年第 14 期】

杭州市各街道办事处新旧居民区名称①

（1963）

闸口街道原有居民区名称（20个）：柴万、郑余、惟善亭、烧香弄、郑柴、景余、山南、海月新村、洋泮桥、海月桥、大庙、化仙桥、复兴路、电厂、水灯桥、八卦田、元帅庙、小桥、涵婆桥、甘水巷。

新的居民区名称（16个）：大资福庙、涵婆桥、复兴街、惟善亭、洋泮桥、甘水巷、水灯桥、海月桥、山南、八卦田、柴万、海月新村、烧香弄、小桥、景余、化仙桥。

南星街道原有居民区名称（22个）：铁路边、造船厂、南梁、瓦子、二商场、宝善桥、复木、井署、南风段、子龙、石新、太平、后潮、秋涛、梁万、凤山新村、新工、美政、秋统、小美、凤凰山脚、小龙。

新的居民区名称（16个）：美政、梁家桥、秋涛路、南风段、小美、剪刀巷、新工、凤凰山、龙石嘴、后潮、铁路边、馒头山、复木、太平、宝善桥、凤山新村。

望江街道原有居民区名称（21个）：十五奎巷、四牌楼、瑞石亭、上羊市街、茶秋弄、城隍牌楼、金钗袋巷、大悲阁弄、中山南路、太庙巷、元宝街、望江街、晓霞弄、大马弄、白衙巷、严官巷、凤山门、上仓桥、后潮门、雄镇楼、过军桥。

新的居民区名称（24个）：十五奎巷、晓霞弄、瑞石亭、白衙巷、茶秋弄、太庙巷、金钗袋巷、上羊市街、中山南路、大马弄、元宝街、大悲阁弄、严官巷、万松岭、兴汤、车驾桥、白马庙巷、上仓桥、抽分厂、过军桥、凤山门、六部桥、雄镇楼、彩霞岭。

海潮街道原有居民区名称（14个）：上木场巷、清泰门、大通桥、坤年里、第一、铁路、商教新村、灰团巷、自建新村、下木场巷、太平门、莫牙塘、天王桥、观音塘。

新的居民区名称（18个）：大通桥、上木场巷、莫牙塘第二、商教新村、海潮新村、下木场巷、观音塘、自建新村、第一、坤年里、天王桥、太平门外、灰团巷、莫牙塘第一、清太门、华家池、太平门外送电铁路、太平门外水电技校。

---

① 原文标题为《各街道办事处新旧居民区名称》。

　　石桥镇管理委员会原有 5 个居民区不动：石桥、延家村、打铁关、王马、焦家村。

　　笕桥镇管理委员会原有居民区名称(5 个)：笕桥、弄口、机坤、下菩萨、濮家。

　　新的居民区名称(6 个)：桥北、桥南、弄口、下菩萨、机坤、濮家。

　　彭埠公社按原来 3 个居民区不变动：七堡、彭埠、新塘。

【由杭州市档案馆提供】